Devenez
RADIESTHÉSISTE

PENDULE · BAGUETTE · MAGNÉTISME

CHEZ LE MÊME ÉDITEUR

Collection dirigée par Jean-Louis Victor

BIOGRAPHIE DE ALLAN KARDEC
par Henri Sausse

•

ON NE MEURT PAS
par Léon Chevreuil

Jean-Louis Victor

Devenez

RADIESTHÉSISTE

PENDULE · BAGUETTE · MAGNÉTISME

Pygmalion
Gérard Watelet
Paris

Sur simple demande aux
Éditions Pygmalion/Gérard Watelet, 70, avenue de Breteuil, 75007 Paris,
vous recevrez gratuitement notre catalogue
qui vous tiendra au courant de nos dernières publications.

ISBN 2-85704-410.0

Je dédie ce livre à Jean-Claude MATERRE qui aimait tant la nature, les forêts et les sources.
Qu'il trouve ici l'expression de toute mon amitié par-delà l'espace et le temps.

Jean-Louis VICTOR

TABLE

*«La vérité d'hier est morte,
celle de demain reste à bâtir.»*

Saint-Exupéry

INTRODUCTION

Les sciences conjecturales sont les sciences du possible, non du certain. Elles étudient, par des méthodes qui sortent, souvent, de l'expérimentation classique, le destin de l'être humain mais aussi son comportement et son rapport avec ce qui l'entoure. Ces sciences, contrairement aux sciences exactes représentées par les mathématiques, la physique, la chimie, etc., s'investissent totalement dans les domaines essentiels de la vie de l'esprit. L'homme, intelligent et conscient, s'interroge sur le sens de son existence, sur son avenir et sur la vie après la mort. Voilà les études qui doivent recueillir toute notre attention. Ce ne sont sûrement pas les sciences exactes qui ont le monopole d'une telle investigation! Ces recherches correspondent à des démarches intérieures dont il faut maîtriser le parcours. Par l'astrologie, la numérologie, la géomancie, les tarots, la radiesthésie, on expérimente une certaine technique dont on peut apprécier l'efficacité. La pratique de ces sciences conjecturales est difficile et demande beaucoup de patience, d'observation et de temps car les mêmes conditions expérimentales ne donnent pas, forcément, les mêmes résultats. Dans cet ouvrage, nous allons parler de la radiesthésie, sur le plan de son origine, de son fonctionnement et de ses applications concrètes possibles. Nous verrons quels services cette méthode peut nous rendre, personnellement, dans la vie de tous les jours. Par définition, nous avons tous la possibilité de travailler la radiesthésie. C'est une question de volonté, d'entraînement mais aussi de magnétisme. Nous réserverons quelques pages à cette faculté que nous possédons tous à l'état latent. Il suffit, parfois, d'un déclic pour développer cette énergie puissante qui, bien maîtrisée, peut nous aider à avoir une meilleure santé et même à soulager nos semblables. Un guérisseur a toujours un fort magnétisme soit vital soit spirituel ou les deux à la fois. La radiesthésie nous invite à mieux canaliser et à mieux diriger nos fluides en vue d'une amélioration de notre potentialité. Ma base de réflexion, dans ce domaine, je la dois à Don Néroman[1] dont le travail a été remarquable. Qu'il trouve, ici, le témoignage de toute mon admiration car il m'a permis de progresser très vite dans mes recherches. Fidèle à sa pensée claire et précise, je transmets, à mon tour, cette étude qui se veut avant tout pratique et accessible à tous. Chacun a droit à la connaissance et je souhaite que cet ouvrage apporte un élément de plus à la compréhension ésotérique, autrefois réservée aux seuls initiés. Les temps sont venus où les sciences conjecturales apporteront des solutions aux questions fondamentales que les sciences officielles d'aujourd'hui et les religions ont laissées sans réponse.

Jean-Louis VICTOR

---

1. Don Néroman s'appelait en réalité Maurice Rougié (18 juin 1884 - 23 juin 1953). Il était diplômé de l'École Nationale Supérieure des Mines -FRANCE-. Ses principaux ouvrages sont: «Planètes et Dieux» (épuisé) et «Planètes et Destins» (épuisé).

LE SENS DU SOURCIER

Qu'est-ce que la radiesthésie?

La radiesthésie est une pratique très ancienne, datant de l'origine des temps, qui a réussi à traverser les différentes civilisations pour arriver jusqu'à nous. C'est ce que l'on appelait autrefois l'art du sourcier. Longtemps sous-estimé, cet art, devant les renseignements pratiques qu'il a donnés, s'est peu à peu officialisé et a réussi à obtenir une place sérieuse dans la hiérarchie des connaissances.

De nos jours, on a recours, très souvent, aux radiesthésistes sans se cacher. Cette pratique est reconnue par tous.

La radiesthésie repose sur l'instinct premier du sens de l'eau. N'oublions pas que, faisant partie des mammifères, nous avons à l'origine, comme les animaux actuels, ce sens nous permettant de ressentir, de loin, le point d'eau. La civilisation nous a fait peu à peu perdre cette faculté, mais elle existe en chacun de nous. Il suffit de s'y intéresser et de la réveiller.

Si l'on observe ce qui se passe dans la nature, on s'aperçoit que dans les pays où la sécheresse est constante, la conscience de l'eau est un élément majeur à la survie des espèces. Les points d'eau étant rares, il faut les repérer de loin et certains animaux comme les gazelles, les félins, les chevaux savent ressentir, parfois à des distances impressionnantes, la source ou la rivière vers lesquelles ils vont se diriger sans hésiter.

Essentiellement physiologique, cette faculté est innée, semblable à la vue, à l'odorat ou à l'ouïe. Si l'on se réfère aux études de la préhistoire, on voit que l'homme possédait également ce sens de l'eau à l'égal des autres animaux.

Nos civilisations, trop tournées vers l'analyse mentale ou intellectuelle, ont atrophié ce sens car depuis longtemps le problème ne se pose plus dans les mêmes termes puisque, dans nos civilisations occidentales, la technique mène l'eau dans chaque foyer. Cela est devenu normal et on pense à l'eau seulement lorsqu'elle vient à manquer.

Chez la majorité des humains cet instinct de l'eau peut se réveiller facilement mais, pour la plupart, il y a ignorance de cette possibilité. Pourtant, les statistiques sont là. Si, à l'occasion d'une marche à la campagne ou d'une discussion sur le sujet, on décide, entre amis, de pratiquer l'art du sourcier spontanément, on s'aperçoit que 80 % des gens sont capables d'être efficaces, sans avoir jamais appris. Avec un peu d'entraînement, les résultats s'améliorent très vite.

Manifestation du sens de l'eau

De même que nous avons tous un quotient intellectuel plus ou moins développé, nous possédons tous un sixième sens, variable en efficacité selon les individus.

La manifestation de la perception de l'eau se traduit différemment selon la réceptivité de chacun.

Pour certains, ce sera une impression semblable à des «fourmis» comme on dit lorsque l'on se relève d'une fausse position.

Pour d'autres, les jambes et les bras deviennent très lourds ou sont parcourus par une sorte de vibration électrique.

Une sensation de froid et de chaud peut exister, également, à l'approche de l'eau. Celle-ci se calme dès que le sujet sort du cadre aquatique délimité.

Certains sourciers ressentent des perceptions visuelles et ont l'impression de voir un fluide coulant sous la terre.

Comme lorsque l'on subit une différence de pression atmosphérique, on peut ressentir, aussi, dans certains cas, un bourdonnement dans les oreilles.

La variété de ces exemples, et il y en a d'autres, nous montre que le sens de l'eau est toujours inscrit dans la mémoire cellulaire des hommes.

Plus tard, lorsque nous allons étudier la technique du pendule et de la baguette, nous verrons que ce sont les extrémités et surtout les mains qui reçoivent l'information de l'existence de l'eau. Il n'y a pas conscience chez le sujet. Cela peut arriver à tout moment dès l'instant où l'on s'approche de la mise en situation.

Dans la préhistoire, lorsque l'homme, isolé en hordes, se déplaçait constamment, le sens de l'eau était nécessaire et la faculté pour trouver cet élément précieux s'exerçait au maximum.

Par la suite, lorsque les sociétés agricoles s'établirent, le sens de l'eau devint moins indispensable car cette dernière était présente sur place.

Ce n'est que plus tard, lorsqu'il fallut s'éloigner du point d'eau pour des raisons de guerre ou autres,que le sens du sourcier réapparut dans son plein épanouissement. Mais il ne s'agit plus de ressentir l'eau à distance, il fallut apprécier sa profondeur et creuser pour la trouver.

L'art du sourcier est, à ce moment-là, complet. Non seulement ce dernier sent l'eau à distance mais, en plus, il la trouve alors que rien, en surface, n'indique sa présence.

L'eau cachée est découverte et le métier de puisatier fut créé en cette circonstance.

On situe ce moment important du savoir-faire humain pour se sortir des conditions difficiles, à l'époque de la pierre polie (Ère néolithique). Grâce à des outils rudimentaires, l'homme peut creuser et perfectionner son outillage car la nécessité engendre le génie!

Environ trois mille ans avant Jésus-Christ, les Chinois qui sortaient tout juste de l'ère de la pierre polie pour entrer dans la période du bronze, employaient des sourciers pour trouver ce qu'ils appelaient les veines du dragon, c'est-à-dire le suivi des eaux souterraines et le relief du sol.

L'empereur chinois YU pratiquait lui-même l'art du sourcier avec tellement de succès que son peuple en bénéficia pleinement.

Partout, en Égypte, en Grèce, en Inde, l'art du sourcier est appliqué et au Moyen Âge, l'Europe entière employait cette méthode pour trouver de l'eau.

Malheureusement, sourcier était proche du mot sorcier et l'Église, voyant un contrôle lui échapper, mit à l'index ces hommes dont la seule faute était d'avoir une connaissance supérieure à leurs compatriotes. Beaucoup passèrent devant les tribunaux de l'Inquisition avec les résultats que l'on sait.

Quelques termes qu'il faut connaître

La réceptivité des sourciers ne concerne pas seulement l'eau. Elle peut capter bien d'autres choses comme la présence du charbon ou de certains métaux.

Sourcier fait penser à source; le terme est, par conséquent, incomplet. C'est pour cela que l'on a donné à cet art, qui consiste à trouver les éléments cachés de la terre, d'autres appellations, plus précises, semble-t-il.

C'est ainsi, par exemple, que, constatant l'emploi d'une baguette sur le plan pratique, on désigna les praticiens du nom de bacillogires (racine latine : *bacillus*, bâton) ou du nom de rhabdomanciens (racine qrecque : *rhabdos*, baguette).

Comme ces noms faisaient anciens et pas forcément scientifiques, on a définitivement adopté le vocable de radiesthésiste (ou radiotelluriste) en raison des découvertes de Pierre et Marie CURIE sur les radiations.

Pour le radiesthésiste, l'analogie est simple : tous les éléments existant dans la nature ont une fréquence radiante spécifique qu'il suffit de capter en essayant de se placer sur la longueur d'onde appropriée.

MÉTHODE D'UTILISATION DE LA BAGUETTE

Le praticien

Dans le traité de Vallemont[1] qui fait autorité en la matière, le personnage représenté tient dans ses deux mains les deux branches incurvées d'une fourche en bois, appelée : baguette du sourcier. Les paumes sont face au ciel, serrant solidement les deux bras de la fourche.

Le praticien marche calmement, avec la sérénité que lui confère son art. Il ne pense à rien, essayant de faire le vide en lui-même pour être totalement réceptif à sa recherche.

Quand il arrivera aux environs d'un point d'eau, la baguette s'inclinera, tout d'un coup, vers la terre ou se dressera, aussi rapidement, vers le ciel. C'est le signal de la présence de l'eau toute proche.

1. Abbé de Vallemont : *La physique occulte*, un des premiers livres enseignant la technique de la baguette (paru en 1693).

Comment fabriquer soi-même une baguette

Le choix du bois a de l'importance dans la radiesthésie. Quelques sortes, seulement, permettent de pratiquer la recherche de l'eau si l'on veut obtenir une grande efficacité.

Prendre du coudrier ou du noisetier car ils donnent les meilleurs résultats.

Éviter les résineux ainsi que le sureau trop fragile.

Il faut un bois qui ne casse pas facilement, tout en étant très souple.

Couper une fourche simple aux dimensions représentées par le schéma ci-dessous :

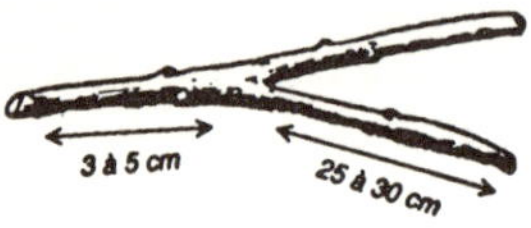

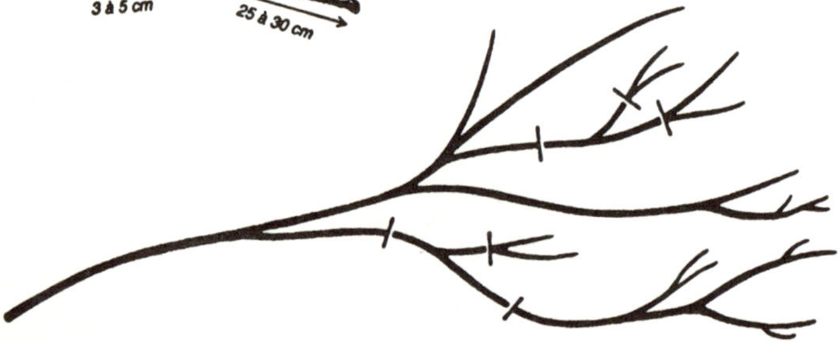

Si vous trouvez une fourche triple, donnez-lui votre préférence car elle sera plus solide, après avoir coupé, bien sûr, la branche du milieu.

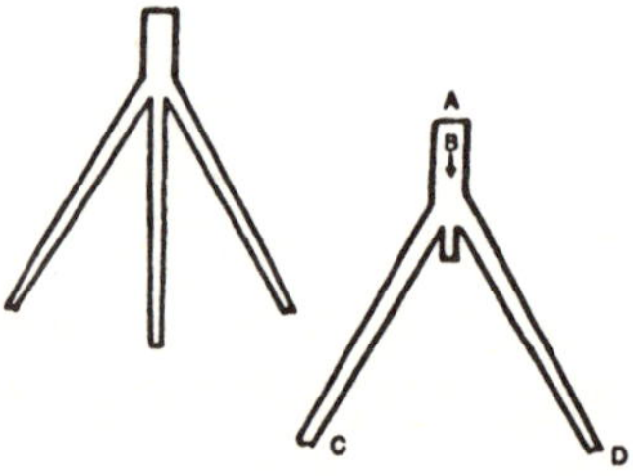

Ne pas peler le bois. Au contraire, veillez à ce que l'écorce recouvre bien toute la surface de la fourche.

Vous pouvez, également, prendre des tiges ou des lames et les assembler au bout avec un fil enroulé sur 2 ou 3 centimètres de large, comme le montre le schéma ci-dessous :

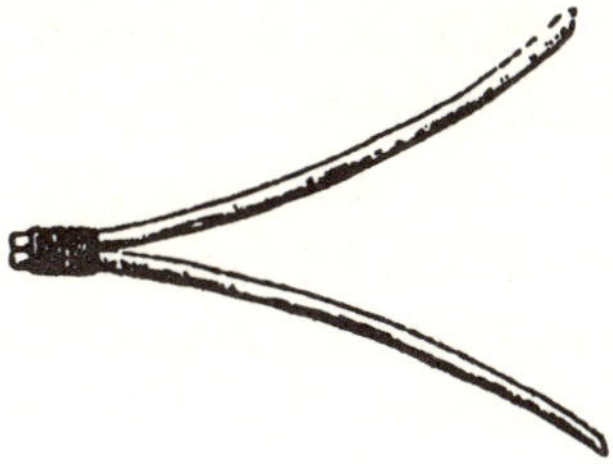

Selon votre propre réceptivité, vous pouvez inventer et fabriquer la baguette de votre choix.

Il n'y a pas de limite dans la conception ni dans la fabrication des baguettes même très sophistiquées. L'essentiel est que vous puissiez bien travailler avec elle.

Tout le monde peut-il pratiquer? Premiers essais

C'est par l'expérience que l'on s'aperçoit que l'on a le don ou pas.

Prendre la baguette comme le sourcier de Vallemont : «l'extrémité libre de chacune des branches reposant dans la paume de la main tenue horizontalement et tournée vers le haut, les pouces en dehors, les doigts rabattus au-dessus de façon que la baguette soit solidement fixée dans une position d'équilibre indifférent et prête, par conséquent, à rompre cet équilibre au premier réflexe».

Ainsi préparé, le travail peut commencer.

Première expérience

Baguette bien tenue par les deux mains, marchez perpendiculairement à un tuyau d'arrosage rempli d'eau, situé dans votre jardin, par exemple.

À l'approche du tuyau, dès l'instant où vous allez passer au-dessus, votre baguette s'inclinera brusquement vers le haut ou vers le bas.

Si aucun mouvement ne se fait sentir, cela ne signifie pas, pour autant, que vous n'avez pas le don. Il faut persévérer car la réussite, dans ce domaine, ne vient pas forcément tout de suite.

Pour cela, recommencez la même expérience et dépassez le tuyau d'arrosage de quelques pas en avançant, puis en reculant doucement. Si rien ne se manifeste, il faut, alors, diriger votre sensibilité vers d'autres expériences de radiesthésie.

Il se peut, en effet, que vous soyez davantage doué pour les métaux que pour l'eau.

Deuxième expérience

Mettre au soleil une masse de métal, un gros marteau, par exemple.

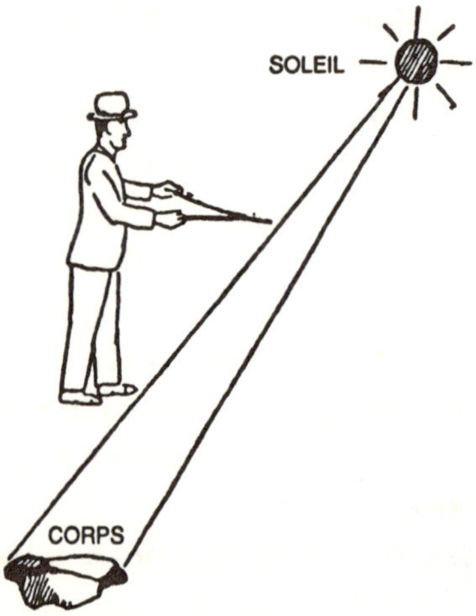

Marchez perpendiculairement au rayon solaire frappant cette masse.

La baguette doit bouger au passage entre le soleil et le marteau.

Si l'on désire vraiment réussir, il ne faut pas hésiter à s'entraîner en répétant les mêmes expériences en cas d'échec car le don est parfois lent à se déclencher.

Par contre, il faut éviter la fatigue. Il est conseillé de ne pas s'exercer plus de cinq minutes sans repos, ni plus de six fois cinq minutes par jour, tout au moins au début.

Deux mois d'efforts sont nécessaires pour parvenir à des certitudes.

Lorsque l'on vit en appartement, la baguette est plus difficile à expérimenter. On peut, cependant, remplacer le soleil par une forte lampe électrique et le marteau par un objet métallique quelconque.

L'emploi du pendule, que nous verrons ultérieurement, est mieux adapté dans ce cas, produisant les mêmes effets que la baguette puisque l'un et l'autre sont mis en action par les mêmes dynamismes nerveux.

Que peut-on trouver avec la baguette?

L'utilisation de la baguette permet de découvrir :

- l'eau : son débit, sa profondeur, sa température. On peut, également, déceler si elle est potable ou non, salée ou douce.
- Dans le sous-sol : les souterrains, les grottes, les trésors cachés, les sépultures, les gisements (charbon, minéraux, etc.).
- Les objets perdus ou volés. C'est l'expérience la plus difficile à réaliser.

La baguette[1] fut très en vogue à la fin du XVIIe siècle grâce à un premier radiesthésiste célèbre pour ses résultats nombreux et positifs : Jacques AYMAR.

Cet homme de la campagne de la région de LYON (France) avait retrouvé, entre autres, les chandeliers d'argent volés à Mademoiselle de CONDÉ.

Cela impressionna beaucoup les milieux scientifiques et les salons de l'époque.

Cette pratique nouvelle de la baguette divinatoire suscita, à l'occasion de tous ces résultats, les premières vocations enthousiastes.

La radiesthésie venait de trouver sa place en tant que technique reconnue et en tant que métier.

D'où viennent les échecs actuels?

Bien des secrets se sont perdus concernant la préparation de la baguette. Les anciens connaissaient, par exemple, les conditions astrologiques favorables à la coupe du bois utilisé pour sa fabrication, permettant une meilleure conductibilité des fluides.

D'autre part, il ne faut pas oublier que les conjonctions astrologiques peuvent influencer les expériences. Le radiesthésiste débutant peut savoir, par l'étude de son thème, s'il possède ou non le don, nécessairement inscrit dans son ciel de naissance.

Ce don va, par conséquent, être exalté les jours où les astres sont en harmonie avec ceux de

1. Elle s'appelait, à son origine : «baguette divinatoire» ou «verge de Moïse».

sa naissance et il se trouvera contrarié les jours où les astres seront en opposition.

L'état du ciel au moment des expériences est donc un élément dont il faut tenir compte et sur lequel on peut s'appuyer pour se donner toutes les chances de réussite.

L'ignorance de l'influence astrologique en radiesthésie explique, en partie, les échecs fréquents et décevants qu'éprouvent les chercheurs de sources et de trésors cachés.

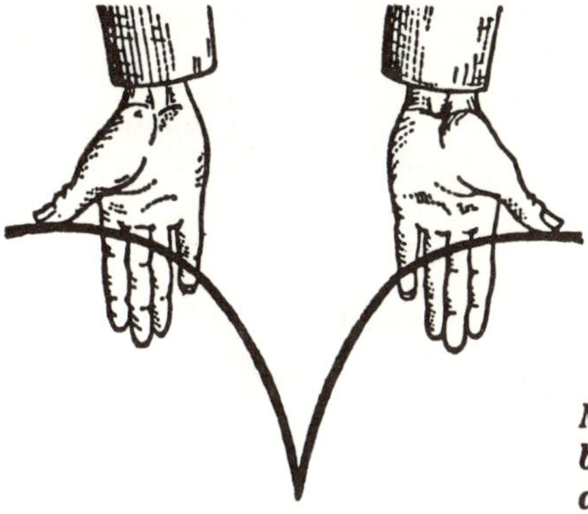

Mise en place de la baguette dans la main du praticien

Baguette en position d'équilibre

Baguette en mouvement au contact de l'eau

Jacques Aymar à la recherche des sources. (Gravure tirée de la Physique occulte de l'abbé de Vallemont, 1709.)

LE PENDULE

Le pendule est beaucoup plus employé que la baguette par les radiesthésistes, ceci en raison, surtout, de sa commodité.

Son éventail de recherche est beaucoup plus important à cause de sa maniabilité et de sa motricité : il peut compter, tourner dans un sens ou dans l'autre, accélérer ou ralentir son mouvement, changer de sens, etc.

Fabrication du pendule

Chacun peut fabriquer son pendule. Le plus simple est de prendre un fil de lin (très bon conducteur) de quelques centimètres, au bout duquel on fixe un plomb de pêche de 30 g ou 50 g, afin que le fil soit bien tendu et puisse se balancer. Faire, le long de ce fil, des noeuds (style petite corde à noeuds) afin de bien tenir le pendule.

Il y a une infinie diversité dans les pendules :

- Les formes :

  les plus employées sont : les sphères, les cylindres, les structures cylindro-coniques, les pièces percées au centre, les médailles...

- Les métaux :

  les plus employés sont : le plomb et le cuivre. Dans les alliages, on employait autrefois la matière dite des «sept métaux» possédant une sorte de neutralité. Le bronze est parfois utilisé, également.

Pendules classiques

Le pendule breveté de l'Abbé MERMET, dernier modèle, déposé est en ébonite noire, poids 14 grammes environ. Il peut contenir un témoin. Une chaînette oxydée à rotules en facilite le réglage et permet une plus grande souplesse dans les mouvements, voir la figure à la page 36.

Les pendules de l'Abbé MERMET sont une exclusivité de la Maison de la Radiesthésie, 16 rue Saint-Roch 75001 - PARIS (France).

- Les isolants :

les plus employés, pour la fabrication du pendule, sont : le verre, le bois, l'ébonite[1], la bakélite[2].

Certains pendules, appelés pendules-boîtiers, ont un couvercle vissé dans leur partie supérieure et sont creux à l'intérieur. Cette particularité permet de placer un petit bout de métal (ou autre : comme des cheveux, de l'étoffe ...) servant de témoin-inducteur pour les recherches que l'on veut faire.

- Les fils :

les plus employés et les meilleurs conducteurs de fluide sont : le fil de lin, le fil de coton ou, tout simplement, les chaînettes métalliques.

Les quatre expériences fondamentales

1) Test de l'aimant

Un aimant étant posé sur une table, on approche un pendule non magnétique (bois, verre, ébonite...) en avançant perpendiculairement vers la branche nord. Le pendule bat parallèlement vers la branche et on sent une réaction comme si celui-ci, non magnétique, était aimanté (a).

---

1. Ébonite : caoutchouc durci par addition de souffre.
2. Bakélite : résine synthétique.

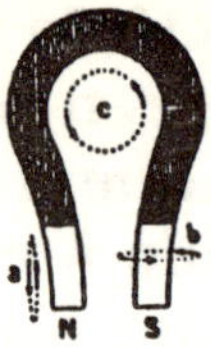

Aimant

Si on avance, au contraire, vers la branche sud, le battement est perpendiculaire à la branche (b).

Si on se déplace dans la région de la boucle du fer à cheval, le pendule tourne directement (c).

2) Test de la pile de poche

Si l'on approche le pendule du pôle +, on obtient un battement le long de la languette de cuivre (a).

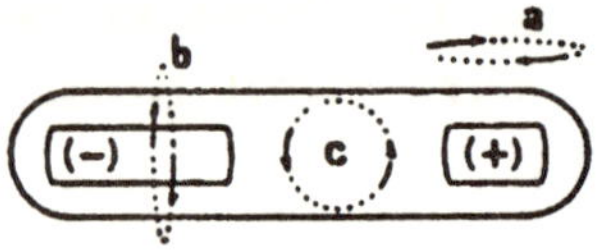

Pile de poche

Si l'on approche le pendule du pôle -, on obtient un battement transversal à la languette de cuivre (b).

Entre les deux pôles, le pendule tourne directement (c).

3) Test de la boussole

Si l'on approche le pendule de la pointe nord, on obtient un battement transversal (a).

Boussole

Si l'on approche le pendule de la pointe sud, le pendule tourne directement (b).

4) Test du Ying-Yang chinois

Le Ying-Yang est un dessin très simple à composer : partant d'un cercle de centre C, on trace un diamètre; on prend les milieux des rayons et, avec le demi-rayon AC, BC, on trace les demi-cercles opposés, l'un à droite, l'autre à gauche.

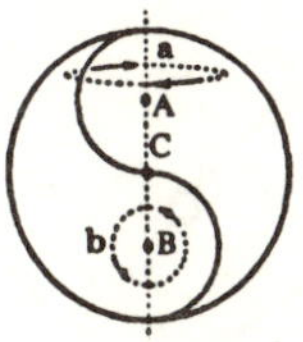

On obtient ainsi deux figures à tête ronde, semblables à des têtards qui s'interpénètrent un peu à la manière du signe astrologique du Cancer. On peint l'une de ces figures en noir, l'autre en blanc. C'est le YING-YANG.

Si l'on approche le pendule du point blanc dans la masse noire, on obtient un battement transversal (a).

Si l'on approche le pendule du point noir dans la masse blanche, il tourne directement (b).

Le symbolisme du Ying-Yang chinois est puissant : c'est le plus antique et le plus frappant symbole de l'Absolu.

C'est l'androgyne primordial avant la séparation des sexes : deux êtres en un seul, exactement comme dans la boussole, les deux pôles, nord et sud, coexistent nécessairement sur une seule aiguille.

Le blanc est solaire, actif, représentant le principe mâle; le noir est lunaire, réceptif, représentant le principe femelle.

Divers mouvements du pendule :

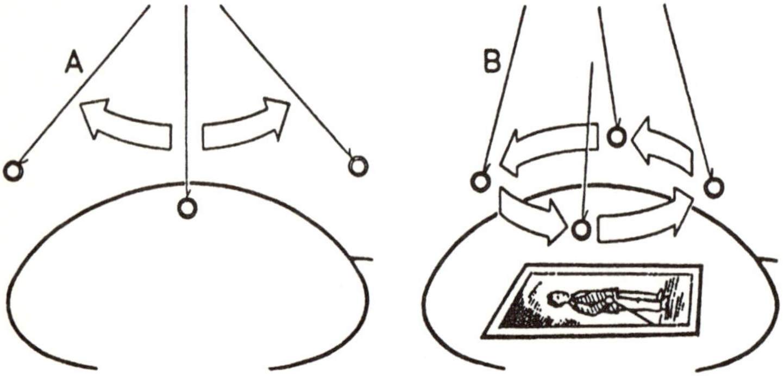

LA CONVENTION OU CODE

Le choix de la convention que l'on adopte doit être simple.

La plupart des radiesthésistes l'ont défini une fois pour toutes :

- lorsque le mouvement du pendule tourne dans le sens des aiguilles d'une montre, la réponse est positive, affirmative; c'est oui.
- lorsque le mouvement du pendule tourne dans le sens contraire, la réponse est négative; c'est non.

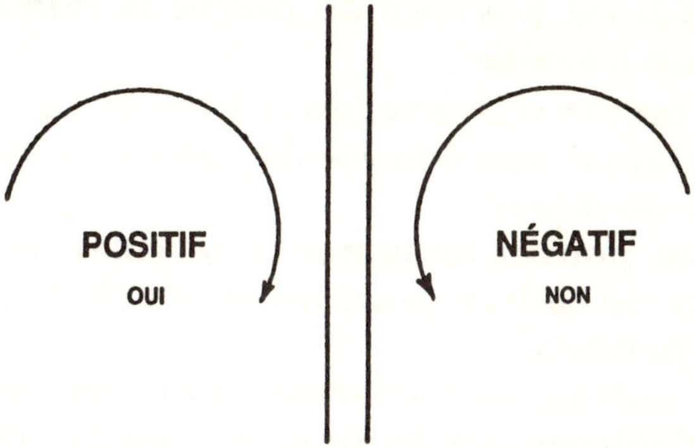

- les battements pendulaires peuvent être employés afin de vaincre la force d'inertie du départ et faciliter la mise en route du mouvement circulaire.

On évite ainsi l'usure de l'attente et le risque de confondre une amorce de mouvement due, surtout, à la fatigue, avec le mouvement réel du pendule.

Si, au cours des expériences, le pendule s'arrête, ce sera le signe que le praticien n'est pas assez concentré sur ce qu'il fait ou tout simplement cela signifie l'absence de la chose cherchée et, par conséquent, le point exact où elle cesse d'être. Il vaut mieux vérifier une deuxième fois l'opération, pour éviter toute confusion.

Comme nous allons le voir, un certain climat psychologique est nécessaire pour accompagner le bon déroulement des expériences.

La convention dont nous avons parlé ci-dessus apporte des réponses sans souplesse, n'envisageant que la possibilité affirmative : oui, ou négative : non.

Si l'on veut affiner la réponse et compter afin d'obtenir l'âge ou la profondeur de l'eau sur un plan ou la mesure des distances, etc., on peut se faire aider par un cadran dit universel, au centre duquel il est possible de placer le témoin sur lequel on travaille[1].

Le cadran universel est chiffré de 0 à 100. On obtient ainsi une échelle de valeur progressive servant de repère.

Vous pouvez imaginer et dessiner toutes les variétés de cadran pouvant servir de support à vos recherches.

Le cadran est préférable à la règle graduée car le déplacement du bras, le long de cette dernière, augmente le temps des recherches et cela ne tarde pas à entraîner une certaine fatigue qui peut fausser le réflexe radiesthésique.

---

1. Voir cadran universel, à titre d'exemple, page suivante, ainsi que le cadran de l'heure et le cadran des minutes.

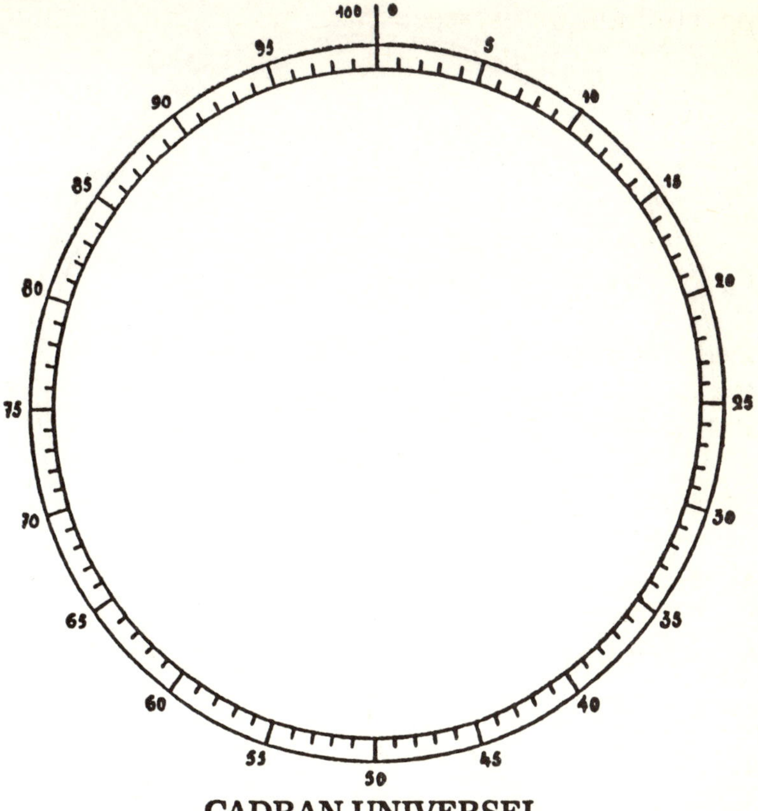

CADRAN UNIVERSEL

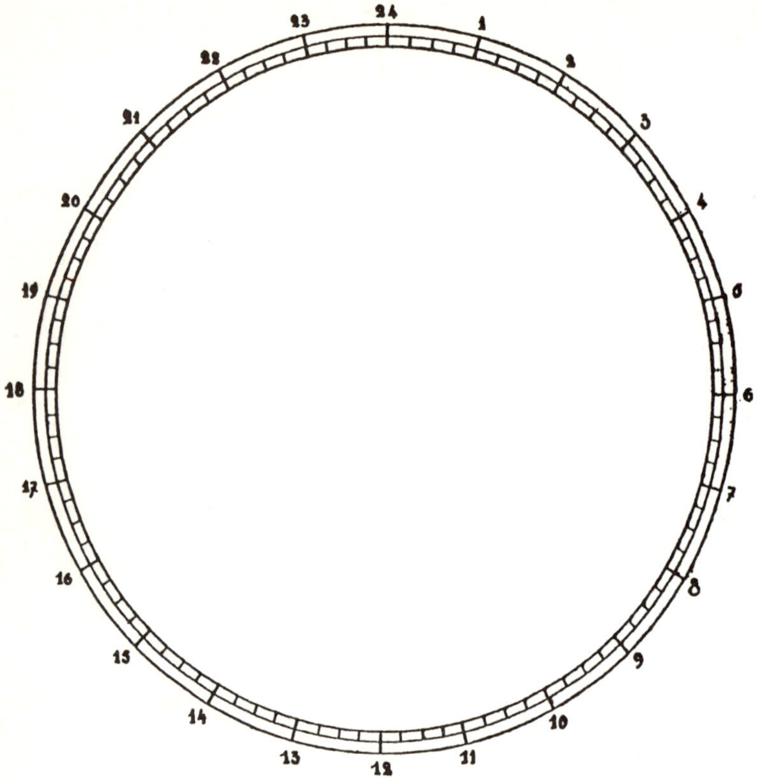

CADRAN DE L'HEURE

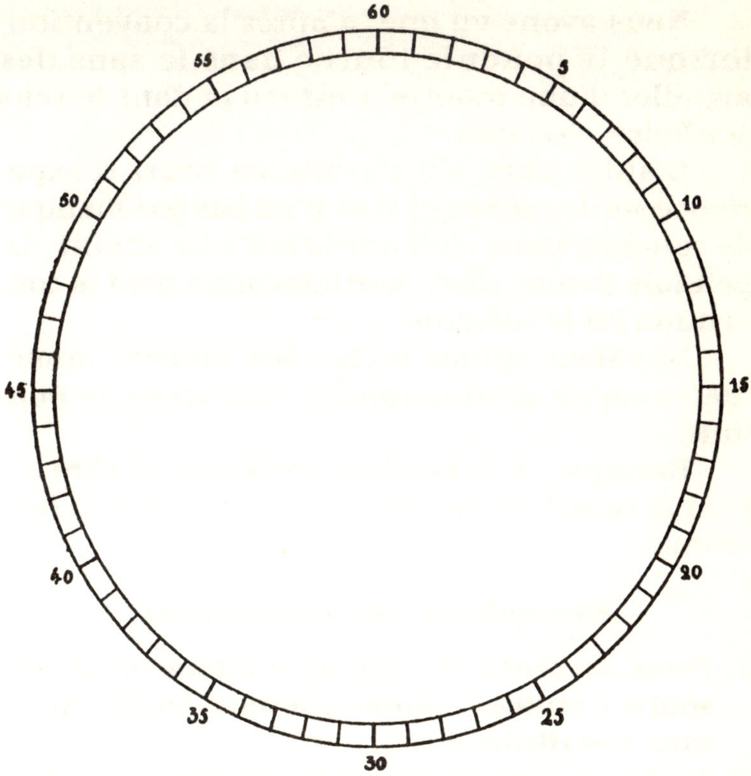

CADRAN DES MINUTES

LE PARCOURS DU CADRAN

Nous avons vu que, d'après la convention, lorsque le pendule tourne dans le sens des aiguilles d'une montre, c'est oui et dans le sens contraire, c'est non.

D'autre part, s'il s'arrête en cours d'expérience sur le cadran et si ce n'est pas par manque de concentration, c'est que le but a été atteint. Le pendule donne, alors, une indication dont la convention est la suivante :

La valeur optima recherchée précède immédiatement la graduation où s'est arrêté le pendule.

Exemple : si le pendule s'arrête au chiffre 20, c'est la valeur 19 qui est la plus forte et qu'il faut retenir.

Exemple de fonctionnement

1) Poser, au centre du cadran, le témoin de la personne à étudier : photo, cheveux, étoffe, spécimen d'écriture, etc.
2) Établir le contact avec cette personne par concentration mentale d'attente et visualisation.
3) Dès que le contact est réalisé, reprendre l'état mental d'attente pour que le pendule, par voie de conséquence, reprenne ses battements.
4) Dès que le pendule est animé du balancement régulier, le radiesthésiste se rend sensible à l'objet de la recherche à partir du témoin choisi. Aussitôt, le pendule amorce un mouvement. Attendre qu'il soit bien affirmé.
5) Amener alors le pendule qui doit continuer à tourner sur la première graduation du cadran. Si la sensibilisation a été bien obtenue, le pendule tourne très régulièrement, d'un mouve-

ment circulaire parfait dans le sens positif. Dans le cas contraire, c'est que la sensibilisation n'est pas parfaitement réalisée. L'opérateur a intérêt à recommencer cet exercice autant de fois qu'il est nécessaire.

6) Le radiesthésiste pose, alors, la question sélective choisie sous la forme interrogative. Il se déplace le long du cadran d'un geste pondéré et uniforme, ne gênant en rien le mouvement du pendule.

7) Dès que la graduation recherchée est dépassée, le pendule, d'un mouvement sec, interrompt sa rotation et après deux ou trois battements insignifiants, s'arrête. Le résultat se lit ainsi que nous l'avons expliqué ci-dessus à la graduation qui précède, celle où le pendule a interrompu son mouvement.

LE MENTAL, SON ÉDUCATION, SA PRÉPARATION

Pour réussir les expériences de radiesthésie, une certaine préparation psychologique est nécessaire.

1) Contrôler le mental

Dans cette première période, il faut travailler l'état de réceptivité. L'effort à réaliser consiste à pouvoir interrompre le processus mental habituel, c'est-à-dire le déroulement des pensées, et l'arrêter non seulement à volonté mais aussi longtemps qu'on le désire.

2) Retenir l'idée directrice

Dans cette deuxième période, on devient capable de maintenir, sans défaillance, et présente à l'esprit une idée choisie : on doit s'en imprégner à l'exclusion de toute autre.

Un des moyens les plus faciles pour parvenir à ces résultats est de s'entraîner trois fois par jour, à heure fixe et à raison d'une minute chaque fois pour débuter.

L'heure fixe est très importante car la régularité de répétition dans le temps conduit, inévitablement, à une habitude qui a pour effet de déclencher immédiatement et sans effort l'état mental recherché.

Ainsi, cet état peut se poursuivre dans les conditions de détente nécessaire à sa parfaite réalisation.

3) La maîtrise du mental

Dans le mot contrôle, il y a un effort à fournir. Dans le mot maîtrise, l'assimilation est réalisée.

Quels que soient l'heure ou le lieu, l'état de réceptivité peut être provoqué et les pensées qui viennent à l'esprit peuvent être choisies grâce à la volonté.

Pour atteindre ces différents stades, on procédera en plusieurs étapes complémentaires :

A) Attente mentale et relaxation

a) S'installer confortablement, assis de préférence, dans une pièce où l'on sera seul dans le silence et, si possible, dans la pénombre.
b) Prendre la ferme décision de travailler sérieusement le contrôle du mental.
c) Paupières closes, avec application mais sans fixation exagérée, respirer trois fois, en inspirant et en expirant lentement et très profondément, puis reprendre la respiration normale. On doit arriver à exécuter ce mouvement respiratoire automatiquement, dès qu'on le désire et à le pratiquer sans même s'en apercevoir dès que l'on se met dans la position et dans l'ambiance ci-dessus.
d) Repousser tranquillement mais fermement et inlassablement toute pensée ou image qui se présentent à l'esprit et de quelque ordre qu'elle soit, même s'il s'agit d'une pensée en rapport avec une chose urgente ou très importante.

Ce phénomène de la pensée-force qui revient est fréquent dans les débuts de l'entraînement car toute pensée enregistrée et mise en réserve pour une utilisation ultérieure, tend à surgir dès que le mental a un instant de repos.

Au même titre que les autres, ces sortes de pensées doivent être rigoureusement rejetées. Il ne faut se permettre aucune faiblesse, aucune dérogation à la décision prise. C'est à ce prix, et à ce seul prix, que le mental deviendra cet instrument de précision dont le radiesthésiste a besoin pour pouvoir mener à bien ses recherches.

Quand on est arrivé à réaliser cette première étape avec facilité immédiate, c'est-à-dire quand, dès qu'on le désire, aucune pensée ne se présente et qu'on peut maintenir cet état mental, on passera à la deuxième étape.

Il est à signaler que le travail de la première étape, comme celui de la deuxième, d'ailleurs, est difficile à réaliser au début de l'entraînement et demeure parfois pénible lorsque le corps, par suite de gêne ou de douleur, rappelle, par trop, sa présence, ce qui est le cas lorsque l'on souffre de maux de tête, par exemple.

Lorsque la fatigue arrive, l'entraînement mental doit être interrompu. Ces diverses sensations désagréables disparaîtront avec l'habitude du processus mental envisagé.

B) La sensibilisation du mental

1) Se mettre dans la même ambiance que précédemment.
2) Choisir une idée simple et concrète, le nom d'un objet, par exemple.
3) Se mettre en état de relaxation ou d'attente mentale (exercice précédent).
4) Maintenir à l'esprit l'idée choisie, à l'exclusion de toute autre. Si elle s'éloigne ou disparaît, la rappeler. Si elle faiblit, lui redonner sa vigueur initiale.
   Dans le cas présent, la représentation visuelle d'un objet facilite grandement l'acte mental.
5) Se pénétrer de l'idée retenue à tel point que le mental, imprégné de ce qui la caractérise,

s'identifie en quelque sorte à elle et n'existe que par elle.

Avant de commencer l'exercice, il est donc nécessaire d'examiner attentivement l'idée choisie, de rassembler les connaissances que l'on possède à son sujet, de les amplifier si elles sont insuffisantes et d'y réfléchir profondément afin d'en prendre une connaissance active et complète. Ceci sera d'autant plus nécessaire que l'idée choisie sera plus abstraite ou plus éloignée des connaissances que l'on possède. C'est à ce stade que l'on parvient à l'état de sensibilisation, état qui conditionne le réflexe radiesthésique.

6) Répéter le même exercice mais en choisissant une idée abstraite.

Par l'attente mentale et la sensibilisation du mental, on a cultivé une certaine maîtrise dans le calme extérieur.

Dans la troisième étape qui va suivre, on va progresser dans cette maîtrise en se retranchant du monde extérieur non plus par des précautions matérielles qui tendent à l'éliminer, mais par un effort de volonté au cours duquel l'être doit se retirer en lui-même si profondément que ses yeux regardent sans voir et que ses oreilles écoutent sans entendre.

C) Fixation complète du mental

Le déroulement de l'entraînement est le même que pour l'étape précédente. Les exercices se feront à la même heure mais se pratiqueront dans des ambiances graduant les difficultés et nécessitant, de ce fait, un contrôle toujours plus efficace et une maîtrise de plus en plus affirmée du mental.

1) Pratiquer dans la même pièce que précédemment, mais sans prendre la précaution d'avoir fait régner la pénombre et le silence autour de soi et en gardant les yeux ouverts.
2) Recommencer dans une pièce quelconque dans les mêmes conditions que ci-dessus.
3) Recommencer dans une pièce où se trouve une personne familière, en train de lire, par exemple.
4) Recommencer dans une pièce où se trouvent plusieurs personnes familières, également en train de lire ou occupées en silence.
5) Recommencer avec des personnes familières qui sont en train de discuter sans que vous soyez obligé de prendre part à la conversation.
6) Recommencer avec des personnes qui se déplacent sans arrêt dans la pièce où vous exercez : certaines arrivent, d'autres sortent, d'autres s'occupent à du rangement, etc.
7) Recommencer, avec discrétion, dans des lieux publics où les bruits sont divers et inattendus ainsi que les déplacements des gens (rue, café, autobus, etc.).
8) Recommencer dans des lieux divers et à des heures non habituelles.

Arrivé à ce troisième stade d'entraînement, le mental est devenu un instrument souple et entièrement soumis à la volonté. Il ne fonctionne que sur l'ordre de cette dernière et dans le sens souhaité car il a pris l'habitude d'obéir et d'agir selon l'intention de l'opérateur.

Ainsi éduqué, le mental est prêt à fonctionner en radiesthésie et il le fera avec une précision étonnante si l'opérateur travaille avec sérénité, détachement et conscience professionnelle.

Quelques éléments pour ceux qui veulent aller plus loin dans la connaissance du symbolisme de la baguette et du bâton

LA BAGUETTE DE LA FÉE

Nous avons vu que la baguette du sourcier permettait de trouver l'eau. Celui qui a le don de faire bouger cette baguette possède, aux yeux des autres, un certain pouvoir. C'est pour cela que l'on appelait, autrefois, cette dernière : la baguette magique.

En radiesthésie, le mot magique a disparu mais il est resté dans les contes qui ont bercé notre enfance.

Ce pouvoir de la baguette magique a pris, dans le symbolisme des histoires, une extension qui va beaucoup plus loin que le repérage de l'eau.

Il permet de réaliser les plus grands et les plus beaux rêves sous certaines conditions, enveloppées, souvent d'ailleurs, de mystères.

La baguette magique est juste. Elle punit les méchants et récompense les bons et chaque fois qu'une action extraordinaire va se produire, la Fée, dont le pouvoir est tout-puissant, touche de sa baguette l'objet par lequel sa propre justice va se manifester.

Dans PEAU D'ÂNE (conte de Perrault), par exemple, il est dit :

«Je vous donne encore ma baguette;
en la tenant en votre main,
La cassette suivra votre même chemin,
toujours sous la terre cachée;
Et, lorsque vous voudrez l'ouvrir,
À peine mon bâton la terre aura touchée,
Qu'aussitôt à vos yeux elle viendra s'offrir».

Pour CENDRILLON, la baguette de sa marraine lui procure tout un équipage en touchant une citrouille qui se change en un splendide carrosse dont les souris, grands amis de Cendrillon, deviennent les plus beaux chevaux.

Et sa marraine continue en changeant ses pauvres sandales en souliers de vair éblouissants qui vont décider de son destin.

Mais le pouvoir de la baguette a ses limites qu'il ne faut pas dépasser, car le charme peut être rompu.

La baguette magique symbolise la chance qui passe dans l'existence.

N'invoque-t-on pas la bonne étoile qui nous guide dans les grandes décisions à prendre? Une des grandes lois de la terre est la dualité. La baguette peut donc aider les uns et punir les autres.

Dans le conte LES FÉES, la méchante fille touchée par la baguette magique de la fée envers qui elle a mal agi, émet autant de crapauds qu'elle prononce de paroles.

Sa soeur, au contraire, qui s'est trouvée dans une situation semblable et dont l'attitude n'a été que gentillesse et courtoisie est merveilleusement récompensée.

Chacune de ses paroles fait naître une rose ou des perles.

Ainsi en est-il dans tous les autres contes. La baguette magique transforme le destin, comme à un autre niveau, celle du sourcier, en découvrant l'eau, ressuscite la vie.

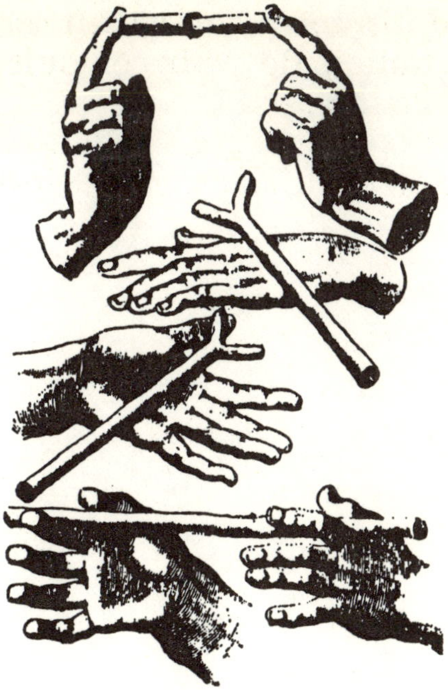

Divers types de baguettes divinatoires. (D'après le P. Lebrun, 1693.)

3e manière de tenir la baguette

LE BÂTON MAGIQUE

Histoire imaginaire, qui doit avoir du vrai

C'était à l'aube des temps quaternaires. À la lisière de la forêt, peuplée de bruissements sournois et de voix éclatantes, allaient et venaient des troupes d'êtres disgracieux, velus, fureteurs, curieux de tout, à demi redressés, toujours prêts à s'élancer dans les arbres où toute menace les chassait, toujours prompts à revenir à terre où tout objet les attirait.

Ils allaient, titubant, oscillant, de guingois, une main toujours accrochée à quelque branche basse, marchepied de l'envol vers le haut. Et cette attitude de grimpeur en voie d'évolution, de grimpeur venu au sol mais encore accroché à l'arbre par toute son hérédité, façonna lentement l'être vertical, l'être qui marche debout, face au ciel.

Lentement, certes. Cela se passait, autant qu'on en puisse juger par l'examen astrologique de l'histoire du Globe, voici quinze cent mille ans. Or, en ce temps déjà lointain, il y avait sans doute quatre millions d'années[1] que l'homme primitif errait ainsi sous les frondaisons dans lesquelles avaient vécu ses ancêtres arboricoles. Peu à peu, il abandonnait les cimes pour vivre à terre; il était un familier des arbres, il y grimpait avec une extrême facilité, mais, de génération en génération, il s'en éloignait.

Un jour, un tel troupeau d'hommes sauvages s'ébattait dans une clairière, quand soudain surgit un léopard; d'un seul bond, tous s'élancèrent aux cimes des papayers; mais l'un d'eux retomba dans un fracas de bois qui craque; la branche

---

1. Cf. : D. NÉROMAN, *Les présages par les directions évolutives* (épuisé).

qu'il avait agrippée s'était rompue sous son effort; il la tenait à deux mains, face au léopard qui, l'apercevant à terre, se jeta sur lui; n'ayant plus le temps de fuir, il grimaça horriblement, tendit vers la menace ses bras démesurés, eut le bonheur de planter sa branche dans la gueule rugissante, brisa net l'élan du fauve, et profita de sa surprise pour bondir hors de sa portée...

Du haut de son abri, tout en regardant son adversaire hébété par le coup, il eut une sourde lueur d'intelligence; il ne conçut pas encore l'arme, la massue, mais il eut la notion confuse de laquelle naîtrait plus tard, beaucoup plus tard, l'idée de parcourir la forêt armé d'un bâton.

La découverte

Une autre fois, une troupe toute pareille était arrivée à la limite de toutes les forêts. Une eau très mouvante baignait le pied des arbres; au-delà de cette eau, il n'y avait pas d'autres arbres, il n'y avait plus qu'un horizon immense, éblouissant, une eau sans limites miroitant sous un ciel sans limites.

Au bout de quelques jours, tous les fruits tombés à terre étaient dévorés, et les fruits encore suspendus à leur tige étaient au plus haut des arbres. Les branches sur lesquelles il fallait s'appuyer pour les atteindre étaient faibles et cassaient sous le poids des grimpeurs.

Un jour, un de ces hommes, affamé, tenant à la main la branche qui venait de se rompre et qu'il n'avait pas laissé tomber, tendit désespérément vers le fruit convoité son bras prolongé par la branche... ainsi, il le touchait. Alors il eut une lueur : il le poussa, le frappa, l'ébranla, maladroitement certes, mais avec l'obstination de l'être qui a faim, et finalement il le détacha.

Ce jour-là, il ne conçut pas encore l'outil, mais il eut la notion confuse de laquelle naîtrait, plus tard, l'idée d'amplifier la portée de l'action de ses bras à l'aide d'un bâton.

Mais quand l'astucieux dégringola à terre pour ramasser le fruit qu'il avait détaché, il arriva trop tard : un autre l'avait pris et l'emportait.

La disette augmentant, la nécessité se faisant plus pressante, l'instinct d'imitation éveillant les réflexes, l'usage du bâton pour abattre les fruits se généralisa. Mais chaque fruit tombé provoquait une bataille; le volé bondissait aux trousses du voleur et, habitué maintenant à manier le bâton, il frappait à tour de bras, tant sur le fruit que l'autre emportait que sur le crâne du voleur. L'outil devint très vite une arme dans cette troupe-là.

La possession du bâton

Bientôt, chacun eut son bâton qui, manié avec une habileté toujours perfectionnée, devint redoutable. Le faible, avec peu de ruse, pouvait toujours assommer le fort, surpris. Mais toujours le fort entend conserver sa suprématie. Il ne tarda pas à interdire le bâton; entendez par-là que, par mesure préventive et pour éviter toute traîtrise, il courut sus à quiconque prétendait avoir un bâton dans les mains. Dès que le fort paraissait, les bâtons glissaient des mains velues et tombaient parmi les branches mortes; petit à petit, naquit et prit corps la notion du *droit au bâton* réservé au plus fort, à celui qui pouvait l'arracher aux autres et à qui nul ne pouvait l'arracher.

Après l'arme et l'outil, c'était le sceptre qui naissait dans la société humaine.

Ceci n'est pas, malgré l'apparence, une légende purement arbitraire. Les détails sont fantaisistes, mais la ligne évolutive est respectée.

Beaucoup d'animaux industrieux sont parvenus à façonner la matière; l'oiseau fait son nid avec griffes et bec, le castor fait ses digues avec sa queue en raquette; mais l'oiseau ne prolonge pas ses griffes par des épines plus acérées et plus longues; le castor n'adapte pas à sa queue une truelle plus large et plus propre à battre la glaise; seul *l'être qui a des mains* a pu prolonger son corps par des objets étrangers à son corps et amplifier ainsi les possibilités de son corps; il a pu ramasser le caillou et le lancer, il a pu couper et façonner la massue qui tue l'ours et l'auroch mieux que le poing, il a pu aiguiser le silex qui découpe les peaux et qui en détache les lambeaux de chair, mieux que ne coupent et ne grattent ses ongles et ses dents; il a pu préparer la pointe qui grave le rocher sur lequel ses ongles n'ont aucune prise...

Et tout cela est venu de ce que sa main, habituée à saisir les branches, puis à manier le bâton, est devenue apte à tenir et à mouvoir l'outil.

L'homme est descendu des arbres; mais il en est descendu l'outil à la main.

Il a dû s'écouler plus d'un million d'années entre le temps où l'homme, *homo faber*, a ainsi conçu l'outil, et celui où devenant *homo sapiens*, il a commencé à réfléchir sur ses destinées, environ quatre cent mille ans avant notre époque.

Or, cette sagesse que nous cultivons depuis quatre mille siècles nous a éloignés de la nature, nos facultés les plus subtiles de perception s'étant engourdies dans la sécurité et le confort. Il est bien connu que les hommes que nous nommons *primitifs*, ceux qui vivent en contact direct avec tous les bruissements qui passent, ont un flair spécial, un sens aigu du danger, une perception subtile des présences invisibles.

Il semble que l'intelligence se soit développée au détriment de la sensibilité physique et que, sous nos cerveaux épanouis, sommeillent atrophiés tous les sens que les animaux ont conservés; le sens magnétique, par exemple, qui permet aux oiseaux migrateurs de s'orienter; le sens des sourciers, qui permet à certains de *sentir* qu'ils se trouvent sur une eau souterraine; le sens psychique qui permet à d'autres de *sentir* qu'ils ont en face d'eux une âme pure ou une âme tortueuse.

Quand, après mille millénaires d'*homo faber*, est venu l'*homo sapiens*, sa pensée était épaisse et lente, ses sens étaient aigus et subtils; il ne comprenait pas le monde, mais il le sentait.

Le prodige

Et il se passa, en ces temps si lointains, des choses mystérieuses, des choses que les sens subtils percevaient et que l'intelligence pâteuse n'éprouvait même pas le besoin de comprendre.

Certain jour, un chef sommeillait, adossé contre une énorme fougère arborescente, face au couchant. Son bâton gisait à terre; mais machinalement, il le tenait serré en sa main crispée.

Les hommes chassaient. Les femmes, dans le ruisseau, ramassaient le métal fauve qui est de la couleur du soleil, que rien ne ternit, que le feu n'altère pas; le chef était avide de ces paillettes d'or qui étaient visiblement tombées du soleil dans les torrents des montagnes; lorsque l'astre, au matin, s'arrache à la terre rose des monts lointains, comment les torrents des cimes n'en retiendraient-ils pas quelques parcelles, puisque toujours l'eau dévore les étincelles qui y tombent et qu'elle ne les rend jamais?

Les femmes déposèrent toutes les pépites en un seul monceau, devant le chef endormi. Le soleil se couchait, et leurs ombres mouvantes qui s'allongeaient sur le sol jetaient comme un voile discret sur le trésor qu'elles entassaient.

Bientôt elles s'éloignèrent une à une, regagnant le gué par où allaient rentrer les hommes chargés de proies sauvages.

La dernière écartée, un rayon oblique du soleil couchant embrasa les pépites, en même temps qu'il empourprait le visage du chef. Et aussitôt, avec la violence d'une branche vivante échappant à l'étreinte qui la ploie, le bâton se dressa dans la main de l'homme qui s'éveilla stupéfait.

Les femmes n'avaient rien vu. Le chef regarda à terre, cherchant la bête qui avait animé son bâton d'une si vive secousse; il ne vit rien qu'une salamandre molle traînant lourdement son corps sans muscles. Alors il abaissa son bâton, et soudain le même bond redressa le bois inerte... et l'homme eut peur.

L'homme eut peur. Sa cervelle boueuse chercha longtemps à découvrir l'ennemi invisible qui voulait lui ravir son bâton. Rien ne lui apparut. Les instants s'écoulèrent, le soleil sombra derrière le rideau de palétuviers, et ce fut la nuit. Les cris gutturaux des chasseurs se rapprochaient; ils allaient être là. Le chef voulut se hâter de trouver quelque chose avant d'être devant ceux qui ne devaient voir ni son humiliation ni sa peur; il abaissa son bâton vers les pépites, que le soleil n'irradiait plus; son bâton resta inerte.

Alors, lentement, sa terreur se dissipa. Mais la joie qui revint en lui n'était pas pure; il n'avait plus peur, mais il avait comme un regret que la cause de sa peur se fût évanouie.

La première baguette de sourcier

Au soir de sa vie, il marchait sur deux bâtons.

Un jour, après avoir confié au plus fort de ses fils le secret magique, il voulut lui indiquer un endroit où les pépites abondaient. C'était au confluent de deux cours d'eau, trop loin pour ses vieilles jambes, car il fallait remonter le lit rocailleux de celui dans lequel précisément ils se trouvaient.

Expliquant par des gestes, il tendit ses deux bâtons, en rapprocha les deux bouts libres, formant un v dont la pointe était dirigée vers le lointain gîte de l'or. Et tout à coup, ensemble, les deux bâtons s'abaissèrent vers le sol.

Étonné, le chef scruta l'eau qui baignait ses pieds, souleva des cailloux, chercha les grains d'or qui devaient se trouver là. Il ne trouva rien. Il refit l'expérience, puis recommença ses recherches, sans plus de succès. Enfin l'idée lui vint d'enlever ses bracelets, pour bien s'assurer que l'or introuvable n'y était en effet pour rien; le bâton plongeait toujours.

Le vieillard renonça à comprendre. Mais son fils revint du ruisseau le front lourd; obscurément, il méditait.

Les astres et leurs métaux

Quelques millénaires plus tard, une caste d'hommes savait trouver, avec des bâtons et des fourches d'arbres, les eaux souterraines, les métaux enfouis, les animaux cachés, et tout ce qui est derrière un masque que l'oeil ne transperce pas, masque de terre sous leurs pieds, masque de nuages au-dessus de leur tête.

Ils savaient où étaient les astres quand leurs yeux ne pouvaient les voir. Tenant un métal dans leur main, ils tournaient lentement sur eux-mêmes, la baguette pointée vers l'horizon; et tout à coup la baguette avait un sursaut de bête vivante, juste au moment où sa pointe passait devant l'astre fait du même métal que celui tenu en main; si l'on tenait de l'or, la baguette saluait le soleil; si l'on tenait de l'argent, elle saluait la lune qui, de toute évidence, n'était pas en or comme le soleil, mais en argent.

Ces hommes trouvaient dans les roches des cristaux qui ressemblaient tantôt à l'or, tantôt à l'argent, mais qui n'étaient ni de l'or ni de l'argent; et les astres le leur confirmaient, car le soleil ne reconnaissait pas, au passage, ces cristaux cubiques, si bien taillés, que le feu grillait avec une odeur infernale de soufre et transformait en fer vulgaire[1]; et la lune ne reconnaissait pas davantage ces masses brillantes que le feu grillait avec la même odeur d'enfer et transformait en plomb.

Mais en échange, il y avait au ciel une planète qui reconnaissait au passage le fer, métal des armes; cet astre était certainement le dieu de la guerre. Et il y avait une autre planète qui recon-

1. Pyrite de fer.

naissait le plomb, métal vénéneux, certainement le dieu de la mort, l'ennemi du soleil, dieu de vie. Et les baguettes magiques guettaient au travers des nuages livides qui voilaient parfois le ciel, le retour du dieu de la guerre et du dieu de la mort, sous des noms que les hommes d'aujourd'hui ont oubliés et remplacés par Mars et Saturne.

Il y avait encore, dans les roches, d'autres minéraux qui grillaient toujours avec cette suffocante odeur d'enfer, minéraux qui jouaient toujours l'or et l'argent, mais qui n'étaient ni l'or, ni l'argent, ni le fer, ni le plomb. L'un semblait de l'or quand on venait juste de le fondre et de le polir, mais il se ternissait très vite, et c'était, selon la baguette, le métal arraché par les torrents à la brillante étoile des soirs et des matins, celle que nous appelons Vénus; c'était le cuivre. Un autre était bien curieux: il restait toujours fondu, même froid, et courait en gouttelettes d'argent liquide; on mit longtemps à s'apercevoir que ce vif-argent avait ruisselé d'une planète difficile à voir dans les feux du soleil, difficile à viser avec la baguette sans viser en même temps le soleil qui appelait l'or : Mercure.

La plus belle planète du ciel, le père de ces dieux nocturnes, n'était saluée par aucun métal; peut-être aucun de ces débris n'était-il jamais tombé dans les ruisseaux de la terre? Peut-être était-elle le dieu suprême, inaccessible? Mais un jour les hommes parvinrent à fondre des pierres qui ressemblaient à du bois durci et qui brûlaient sans l'odeur infernale des autres; le métal qui coulait de cette fonte tenait à la fois de l'argent et du plomb et c'est celui-là que reconnaissait la planète magnifique; le métal était l'étain, et la planète Jupiter.

Les astres et la matière vivante

Enfin, des Sages s'isolèrent pour étudier toutes ces forces magiques. Et ils découvrirent d'autres planètes que jamais oeil humain ne put voir dans le ciel, mais qui dressaient la baguette si l'on tenait en main non plus du métal, mais de la matière vivante.

Ils découvrirent d'abord celle qui agissait quand on tenait un oeuf, et ce fut celle que les Grecs bien plus tard nommèrent Ouranos.

Puis ils décelèrent la planète que la baguette saluait quand on tenait un cerveau d'homme, et ce fut celle que l'on nomme aujourd'hui Neptune.

Au temps de Babylone, les hommes dressèrent les tables des positions de ces planètes invisibles, positions qu'ils relevaient non pas à l'aide de télescopes, mais à l'aide de baguettes magiques sensibles à leur influx.

Histoire imaginaire, qui doit avoir du vrai...

EXPÉRIENCES DIVERSES[1]

1. Études et expériences de Don NÉROMAN dont les travaux font autorité.

Recherches sur le terrain

Prenons la baguette en mains, mettons-là dans la position d'équilibre, et promenons-nous sur le terrain, dans un jardin par exemple.

Nous parcourons un certain espace sans que le moindre mouvement se manifeste.

Tout à coup, la baguette est repoussée violemment et se redresse. Instinctivement, nous revenons en arrière et la baguette reprend d'elle-même sa position d'équilibre. Nous recommençons à marcher, et de nouveau la baguette se relève. Il y a donc dans le sol, sous nos pieds, une force qui agit sur notre système nerveux et qui produit, par l'intermédiaire de celui-ci, un mouvement réflexe que la baguette vient de nous rendre perceptible.

Poursuivons notre chemin : nous voyons la baguette s'agiter alternativement en haut et en bas, puis, après que nous avons effectué un certain parcours plus ou moins long, cesser brusquement sesmouvementset nous pouvons continuer à avancer sans que rien ne se manifeste de nouveau.

Si, au lieu d'une baguette, nous prenons un pendule, nous verrons celui-ci se mettre en mouvement exactement aux mêmes points que la baguette; ses mouvements seront différents,en même temps plus variés. Le pendule est pour ainsi dire plus bavard que la baguette.

Tout d'abord, au premier point, nous verrons le pendule osciller dans un plan, puis, si nous continuons à marcher, le mouvement devient circulaire jusqu'à l'endroit où la baguette s'arrêtait. En ce point, notre pendule reprend son mouvement dans un plan, puis s'arrête brusquement si nous continuons à marcher.

L'expérience a montré que le battement dans un plan se produisait sur le bord de tout corps souterrain qui nous influence, le mouvement giratoire au-dessus de toute sa surface, puis de nouveau le mouvement dans un plan lorsque nous atteignons le bord opposé.

Ces divers mouvements de l'instrument viennent donc de nous montrer que nous venons de passer au-dessus d'un corps qui influence notre système nerveux et que ce corps a une certaine largeur.

Usons de ce procédé pour chercher les limites de ce corps.

Nous pouvons ainsi en repérer tous les points, en suivre tous les bords, que nous dessinons à l'aide de marques faites sur le sol.

Supposons, dans le cas présent, que nous obtenions une figure étroite et allongée. Cela peut nous suggérer l'idée d'un cours d'eau souterrain, aussi bien que d'un filon métallique ou d'une caverne. Mais il nous est impossible de dire auquel de ces trois objets nous pouvons avoir affaire.

C'est alors qu'est intervenue l'ingéniosité des vieux radiesthésistes.

Méthode des témoins

Ils ont reconnu depuis longtemps qu'en mettant une substance dans la main, notre instrument (ou plutôt notre système nerveux) ne réagit plus qu'en présence de cette même substance.

Si nous prenons par exemple de l'eau, ou bien une plaquette de cuivre, nous ne réagissons plus que pour l'eau dans le premier cas, pour le cuivre dans le second. Il nous est donc facile, en nous reportant sur les points où notre instrument a réagi, de déterminer quelle est la substance qui nous a influencés.Nous prenons successivement dans la main du fer, du cuivre, du charbon, de l'or. Avec toutes ces substances, nos instruments restent immobiles. Nous en concluons que nous ne sommes en présence d'aucune d'entre elles.

Si nous prenons un tube rempli d'eau, nous voyons au contraire notre instrument s'agiter et nous en concluons que nous avons sous nos pieds une masse d'eau ayant la forme et les limites que nous a données notre première expérience.

Voici donc acquise, à l'aide de deux opérations très simples et très rapides, la notion d'une eau qui circule sous nos pieds, et nous sommes déjà tout joyeux à la pensée qu'il va nous suffire de creuser un puits en ce point pour pouvoir irriguer nos fleurs et nos légumes.

C'est alors qu'une pensée désagréable vient refroidir notre enthousiasme. Nous savons que nous avons de l'eau, mais nous n'en connaissons pas la profondeur. Or, l'établissement d'un puits coûte toujours cher et il n'est pas indifférent à notre bourse plus ou moins garnie que ce puits ait cinq mètres de profondeur ou cinquante.

Recherche de la profondeur

Ici, chaque sourcier nous donne sa méthode. Et cela se conçoit : ce sont les réflexes de l'opérateur qui déterminent les mouvements de la baguette; et chacun a les siens, selon sa sensibilité propre et selon sa «convention mentale». Car il y a une «convention mentale» entre le cerveau et l'instrument. On sent bien que cette convention est établie entre le cerveau et les nerfs qui déclenchent les mouvements. Cette convention n'est peut-être pas entièrement arbitraire; peu importe, l'essentiel est de l'établir.

Par exemple, on voudra juger de la profondeur d'une nappe d'eau dont l'aplomb est **A** (voir schéma ci-dessous);

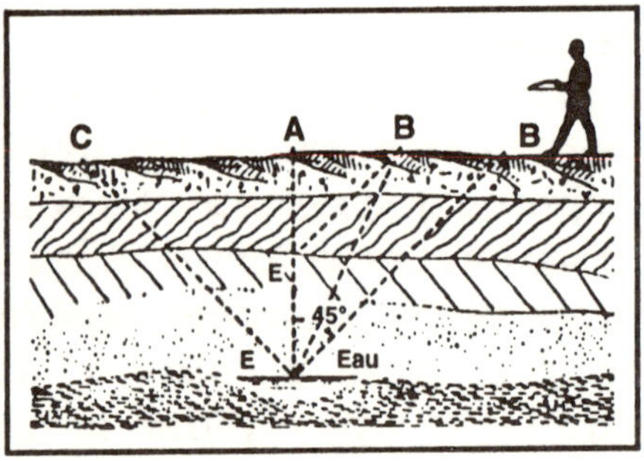

On chemine suivant **B A C**, et on repère le point **B** où la réaction commence à être perçue, puis le point **C** où elle disparaît entièrement; on fait plusieurs aller et retour pour établir une moyenne; on admet que le rayon limite **E B** est à 45°, ce qui entraîne l'égalité des distances **BA**, **AC**, **AE**; donc la profondeur se mesure à la surface du sol. C'est **BA** ou **AC**.

Ceci est une méthode qui dépend évidemment de la sensibilité de l'opérateur; s'il est peu sensible, il aura le début de la réaction en B', il annoncera une profondeur **AE' = AB'** plus petite que celle trouvée par un opérateur plus sensible; cela revient à dire que pour ce second opérateur, l'angle limite de réaction n'est plus 45° (**BEA**) mais **B'EA** plus petit. En conséquence, c'est une faute d'admettre pour tous l'angle de 45°; chacun doit mesurer expérimentalement son angle **B'EA**. Mais comme cet angle ne peut pas ne pas dépendre de la nature et de la structure du terrain, la méthode qui ravissait d'aise l'abbé de Vallemont doit s'adapter dès que le sourcier change de terrain géologique.

Une autre méthode consiste à frapper du pied au-dessus de la nappe, à un rythme régulier (2 coups par seconde, et du pied droit, dit Mr Lacroix-L'Henri)[1] en comptant le nombre de coups frappés. Quand la baguette retombe inerte (ou que le pendule s'arrête), on a la profondeur en pieds par le nombre de coups comptés (donc environ 33 cm par coup). Ceci est un exemple typique de cette «convention mentale» qui est en somme la clé d'un mystérieux alphabet entre le sourcier et les forces naturelles.

Recherche des eaux potables

Le problème le plus simple qui se présente est la détermination d'un point d'eau dans une petite propriété pour l'établissement d'un puits.

Innombrables sont les puits creusés ainsi avec succès sur les indications des radiesthésistes.

Certaines villes, certains villages ont pu également, grâce aux radiesthésistes, s'alimenter en eau potable.

Le problème prend dans ce cas plus d'ampleur et présente des solutions inégalement intéressantes.

Dans beaucoup de plaines ou de plateaux calcaires, les eaux sont très profondes et l'on ne peut les atteindre que par des puits de plusieurs dizaines de mètres de profondeur. Il faut alors les remonter mécaniquement, ce qui devient très onéreux.

---

1. Mr Lacroix-à-L'Henri, radiesthésiste réputé, officier radio de la marine marchande.

Dans certains cas heureux, par contre, on peut trouver des solutions très élégantes.

L'un des exemples les plus caractéristiques a été fourni récemment par le village de Resson (Meuse - France) où pendant plus de cinquante ans, on avait étudié sans succès le problème de l'alimentation en eau potable. L'abbé Paramelle lui-même, le célèbre hydrologue, avait indiqué un ruisseau souterrain, abondant, mais trop profond pour être utilement capté.

Appelé par la municipalité de Resson, j'étudiai la question et indiquai un point où un percement de quatre à cinq mètres seulement devait faire sortir de terre un ruisseau jusqu'alors insoupçonné qui devait donner, à mon avis, un rendement minimum de 200 mètres cubes par 24 heures. La commune ne demandait qu'une centaine de mètres cubes. Ce point se trouvait situé à 1 200 mètres seulement du village, et à une altitude telle que l'eau pouvait arriver par sa seule pente plus haut que les toitures du village.

Eaux industrielles

Si beaucoup de personnes demandent aux radiesthésistes de leur procurer de l'eau, d'autres, parfois, dont le sous-sol est trop humide, leur demandent de l'assécher. Si aucun moyen d'évacuation superficielle n'existe, il faut repérer les fissures ou les failles profondes susceptibles de les absorber et de les évacuer au loin.

La question devient particulièrement délicate lorsqu'il s'agit d'évacuer des eaux résiduelles industrielles, plus ou moins chargées de substances nuisibles. Il faut alors s'assurer que les fissures recherchées ne soient pas en communication avec les sources du voisinage. Si par bonheur on peut repérer en profondeur d'importantes formations de sables ou de matériaux détritiques[1] très fins, il faut y conduire de préférence, par des puisards plus ou moins profonds, nos eaux résiduelles pour qu'elles s'y purifient.

Parfois, au contraire, on nous demande de retenir des eaux qui fuient et se perdent.

C'est ainsi que nous fûmes appelés, mes collaborateurs Hugues ROCHE et Léon BIDERMAN, de Lyon (France) et moi, à en étudier un cas curieux dans la région alpine.

À Bouvante (Drôme - France), la Société des Forces motrices du Vercors avait établi au point le plus étroit de la vallée de la Lyonne un barrage de 35 mètres de haut pour créer un lac artificiel destiné à produire de l'électricité.

Le barrage achevé, on ferma les vannes. Tout alla bien au début et l'on vit l'eau s'accumuler en amont.

Mais on s'aperçut bientôt que l'eau était absorbée par de nombreuses fissures, de jour en jour plus nombreuses, et que le lac ne pouvait se remplir. Les ingénieurs bouchèrent les pertes, mais il s'en produisait sans cesse de nouvelles. Les géologues consultés trouvèrent la chose toute naturelle, étant donné que le lac avait été établi en terrain calcaire, par conséquent fissuré, et ne purent, par la suite, proposer aucune solution.

Les choses en étaient là lorsque nous fûmes appelés.

---

1. Détritique : vient du mot latin *detritus*. Se dit de toute formation sédimentaire résultant de la désagrégation mécanique des roches préexistantes.

Une étude soigneuse nous fit repérer les innombrables fissures et leurs multiples points d'absorption. Mais nous constatâmes, en suivant au pendule leurs divers trajets souterrains, que toutes ces fissures venaient converger en cinq conduits principaux, véritables petites cavernes qui drainaient toutes les eaux.

Nous prescrivîmes le creusement d'un tunnel devant les recouper toutes successivement.

L'opération fut exécutée, les canaux trouvés, obturés par des bétons et ciments. L'eau fut ainsi retenue et déborda par-dessus le barrage.

Eaux minérales

Grâce à la méthode des *témoins*, que nous avons exposée plus haut, il est facile pour un radiesthésiste de reconnaître à travers le sol quelles peuvent être les substances dissoutes dans les eaux souterraines et, par conséquent, de reconnaître les eaux minérales.

C'est ainsi qu'à Alvignac (Lot - France), les abbés Mermet et Calés purent diagnostiquer la présence d'eaux minérales, que les sondages firent rencontrer.

À Assier (Lot - France), à l'occasion de sondages sur charbon, j'avais prédit la venue, vers 100 mètres de profondeur, d'une eau ferrugineuse. Elle jaillit de 95 mètres et les populations voisines en bénéficient aujourd'hui.

À Carqueiranne (Var - France), le Dr J. Regnault et Melle Lacombe indiquèrent la présence d'une eau minérale radioactive, qui fut effectivement trouvée.

À Souillac (Lot - France), j'avais repéré le passage d'une eau sulfatée-sodique. Un sondage la fit rencontrer.

Cavernes et souterrains

Jusqu'ici nous avons parlé des eaux souterraines. Mais bien d'autres choses, bien d'autres corps sont justiciables des recherches radiesthésiques. L'existence de souterrains, de cavités naturelles ou artificielles plus ou moins importantes peut être décelée par la radiesthésie. Et ceci peut présenter autre chose qu'un simple intérêt de curiosité.

Si l'on veut, par exemple, édifier des bâtiments importants et lourds, il importe de s'assurer que le sol est ferme, résistant et non sous-miné, qu'une voie ferrée n'est pas superposée à de grands vides.

Donnons donc quelques exemples de ce genre de recherches.

À Lacave (Lot - France), j'avais jadis découvert au fond d'un gouffre naturel (Igue St-Sol) une série de grottes souterraines fort intéressantes au point de vue touristique; puis, plus tard, un nouveau groupe non moins curieux, qui fut aménagé pour le public.

Ces deux groupes ne communiquaient pas entre eux, mais la théorie nous indiquait qu'ils devaient tous deux appartenir à un même réseau souterrain, dont les alluvions anciennes ou des siphons devaient interrompre la communication.

Louis Probst, l'abbé Mermet, Pélaprat furent appelés à exercer leurs talents et, par une prospection radiesthésique à travers 150 mètres d'épaisseur de rocher, ils me tracèrent un réseau souterrain. Il fut reconnu tout d'abord que toutes les parties déjà connues figuraient sur le plan ainsi tracé, et qu'en outre il existait tout un réseau intermédiaire qui les reliait.

Je fis faire des sondages et des déblais intérieurs et peu à peu nous pénétrâmes dans les galeries annoncées. Sur neuf points différents, des pénétrations furent faites à travers les alluvions ou le rocher et neuf portions de galeries, longues parfois de plusieurs centaines de mètres, se révélèrent absolument conformes jusque dans leurs moindres sinuosités au plan tracé par les radiesthésistes.

Voilà donc une expérience très compliquée et des plus importantes réussie à 100 %.

Dans la Dordogne, aux Eyzies (France), j'avais indiqué à mon ami Le Bel, grand chimiste, membre de l'Institut, la présence de cavités souterraines dans le sous-sol. Un percement fut fait à travers la falaise de Laugerie-Basse et la magnifique grotte du Grand-Roc fut découverte.

C'est de cette façon aussi que fut révélée, par le précepteur des fils du comte Bégouen, l'importante grotte préhistorique des Trois Frères, près de Montesquieu-Avantis (Ariège - France).

À la grotte du Loup, près de Lourdes (France), à la grotte de Saint-Cézaire (Alpes-Maritimes - France), des galeries inconnues furent mises à jour sur mes indications et furent trouvées conformes à ce que j'avais d'avance indiqué.

En 1915, mon âge devait me maintenir à 800 kilomètres en arrière du front, à la paisible garde des voies ferrées de la région de Cahors (Lot - France).

Mais je reçus une lettre de M. le Colonel Vallautin qui commandait une brigade sur le front d'Artois et me demandait de consentir à quitter mon secteur de tout repos pour aller aider nos troupes en pleine mêlée.

Les gros calibres allemands commençaient à faire rage et les abris du génie, calculés pour des armes moins meurtrières, étaient insuffisants.

Or, de vagues traditions faisaient supposer qu'il devait exister dans le sous-sol des cavités inconnues qui auraient pu, éventuellement, abriter nos hommes et les soustraire à une mort certaine.

Le colonel me demandait si les procédés radiesthésiques me semblaient pouvoir renseigner sur l'existence de ces cavités et leur position.

Sur ma réponse affirmative et toutes formalités administratives remplies, je partis donc en Artois, suivi par mon bon élève, le sergent André Aussaresses.

Nous reconnûmes effectivement l'existence de nombreuses et importantes cavités. Des sondages les rencontrèrent et ces cavités furent aménagées soit comme infirmeries souterraines, soit comme abris contre les bombardements.

N'oublions pas d'ailleurs que les radiesthésistes allemands nous avaient déjà précédés dans cette voie et que nous eûmes beaucoup de peine à les déloger, par exemple, de *Creutes* de l'Aisne (France).

Charbons, métaux

On sait que les mines de potasse d'Alsace (France), qui ont depuis lors rendu tant de services à nos agriculteurs, furent découvertes par le radiesthésiste Grisez.

On peut également repérer la houille dans le sol. J'eus à en résoudre un cas particulièrement intéressant il y a quelques années. Aux mines de la Boule, près de Saint-Eloy dans le Puy-de-Dôme (France), les couches en exploitation se perdaient brusquement au contact de grandes failles, sans que, à cause des recouvrements extérieurs, les ingénieurs de la mine en pussent reconnaître les rejets.

Je pus, radiesthésiquement, reconnaître les déviations des couches et en faire des plans et des coupes que les sondages, poussés jusqu'à 900 mètres de profondeur, vinrent confirmer. L'exploitation reprit avec fruit.

À Surtainville, dans la Manche (France), à San Pedro y Vega, en Espagne, à Lacapelle-Marival, dans le Lot (France), etc., des filons de galène[1], des gisements de fer ou de zinc furent indiqués par Probst, Pelaprat, l'abbé Mermet et les sondages vinrent confirmer les données.

Médecine et art vétérinaire

Les radiesthésistes ont franchi depuis peu d'années un nouveau pas : ils ne craignent pas, désormais, de s'adresser non plus seulement au règne inorganique, mais encore au règne animal et humain.

Par les accords radiesthésiques qu'ils constatent ou qu'ils provoquent entre le sol et la plante, nos opérateurs arrivent à reconnaître les facultés germinatives des graines, à amplifier ou à diriger le développement des plantes, à les sélectionner.

Deux hommes ont jusqu'ici poussé très loin leur expérimentation dans ce domaine : le professeur Larvaron, de Rennes (France) et Joseph Treyve, de Moulins (France).

Les animaux émettent eux aussi des influences qui peuvent être perçues par le pendule des radiesthésistes.

---

1. Galène : Sulfure naturel de plomb.

À l'état de santé, ces influences sont d'un certain ordre et bien équilibrées. Mais si un organe vient à être malade, il se produit un décalage, un déséquilibre local que l'instrument du radiesthésiste peut facilement percevoir et localiser. D'où un diagnostic et un traitement beaucoup plus appropriés que ceux que peuvent donner les méthodes ordinaires. Les radiesthésistes n'ont d'ailleurs pas la prétention de détruire ces dernières, mais de leur apporter un complément des plus précieux.

Le premier, le docteur-vétérinaire Abel Martin, a bien mis ces phénomènes en lumière dans une intéressante thèse de doctorat soutenue il y a peu de temps. Il commence à faire école... après avoir été plus que largement critiqué par les retardataires.

Il n'est pas jusqu'à la médecine humaine qui ne puisse et ne doive profiter des recherches radiesthésiques.

Tout comme le corps animal, le corps humain possède normalement un équilibre radiesthésique que vient rompre la maladie. De cette constation est née toute une technique nouvelle qui a déjà donné des résultats inespérés dans nombre de cas. Les principaux protagonistes de cette méthode sont en particulier les docteurs Leprince, Jules Regnault, Foveau de Courmelles, Meynier, Aveline, le pharmacien Lesourd, etc. pour la France, le Dr Nebel pour la Suisse, etc.

LES ORIGINES DU MAGNÉTISME

Les archives de l'humanité ont enregistré, de tout temps, des faits étranges. La plupart ne correspondent pas à la logique reconnue et admise. Ils surgissent souvent spontanément et à l'improviste sans que l'on puisse préciser les conditions de leur apparition. D'autres sont produits à volonté par des êtres exceptionnels qui trouvent cela tout à fait naturel. En tous les cas, on aurait tort de sous-estimer ces forces qui produisent toutes ces manifestations particulières car, bien que souvent inexplicables, elles existent.

Il fut une époque, moins matérialiste que la nôtre, où les meilleurs et les plus savants esprits ne doutaient pas de ces phénomènes et avaient donné à ces forces plus ou moins définies, mais positives, le rôle d'un *milieu* intermédiaire à tous les êtres, le *magnes* de Paracelse, *l'archée* de Van Helmont, *l'esprit universel* de Robert Fludd et, dernière analyse, *le monde invisible* des occultistes.

Or, à ce moment-là même, au XVIIIe siècle, un homme se trouva présent pour essayer de faire rentrer dans la science, sous une apparence modernisée, l'étude de quelques-uns de ces phénomènes.

Impuissant à émouvoir les scientifiques (ce qui est pratiquement toujours le cas chez les novateurs qui bousculent les idées établies), Mesmer, médecin diplômé de l'Université de Vienne (Autriche), devint très populaire et sut créer un mouvement d'opinion durable. Beaucoup de chercheurs devaient le suivre par la suite, comme B. du Potet, de Rochas, Deleuze, Docteur Geley, Docteur Osty, Charles Richet, prix Nobel de médecine, etc.

Pour Mesmer, les influences étranges qui s'exercent sur les êtres ont pour origine un fluide universel.

Les phénomènes obtenus, au moins ceux qui régissent l'état de santé et la maladie, le comportement vital, relèvent de la physique, voire de la physiologie puisque le fluide peut traverser le corps sous forme de rayonnement ou de vibration.

Ce fluide, une fois condensé, polarisé, peut agir dans le traitement de certaines maladies. Cette action a été appelée, par Mesmer lui-même: *le magnétisme animal.*

Paracelse avait déjà employé ce mot dans un temps où la médecine essayait d'obtenir certains effets curatifs par le moyen des aimants.

Quoi qu'il en soit, le mot *magnétisme* devait s'imposer définitivement.

Dans cette conception, le magnétiseur est considéré comme un condensateur, dirigeant vers le magnétisé un fluide puissant qui peut, selon la technique, apaiser ou exciter.

Par imposition des mains, on peut donc tout imprégner de magnétisme: les êtres mais aussi les objets qui conservent longtemps cette influence et peuvent la restituer. C'est ce que le radiesthésiste peut déceler.

Même si le magnétisme est parfois nié par des scientifiques limités, les choses se passent, de toutes les façons, comme s'il existait !

Comme l'a très bien souligné le Docteur Béliard: «Si le magnétisme n'est pas encore une science reconnue, nous devons constater cependant qu'il a tout l'intérêt pratique d'un art.»

Il est assez habituel et ordinaire que «l'art» précède la «science». Bien avant de connaître les causes des maladies et la logique de leurs remèdes, on a trouvé des moyens de les soulager et même de les guérir, et actuellement encore la médecine est, à beaucoup d'égards, plus un art qu'une science. On a construit des ponts, des bateaux, des maisons bien des siècles avant d'avoir mis en formule les lois de la pesanteur de l'hydrostatique.

L'art psychomagnétique se propose une action du magnétiseur, modifiant le mental, l'appareil sensitivo-moteur et même, dans une certaine mesure, le système neuro-végétatif d'un sujet. L'important, c'est qu'il y parvienne. Les moyens concurremment employés sont l'excitation des mécanismes sensoriels, la suggestion et aussi des *passes* dont la réputation est de «déplacer» un fluide invisible et impondérable. Que ce fluide existe ou non, il n'en reste pas moins que les passes ont un mode particulier d'action. Et, à tout bien compter, l'utilisation de l'excitation sensorielle et celle de la suggestion, pour ne pas postuler l'existence d'un agent inconnu, relèvent tout autant de l'empirisme.

Le monde vivant est dominé par des impondérables. Sait-on par quoi est déterminé ce que la raison ne détermine pas, les antipathies et les sympathies, l'amour et ce que l'on appelle le *sex-appeal*? Explique-t-on l'ascendant naturel de certaines personnes et la timidité des autres? L'indéniable puissance du chef auquel on s'abandonne, du médecin en qui l'on a confiance et dont la seule présence est curative? Et si l'on peut d'un mot calmer un tourment moral, une obsession, une idée délirante, un ébranlement nerveux, est-il moins possible, ainsi qu'il est dit dans l'Évangile, de commander efficacement au paralytique de marcher, à l'aveugle de voir? Et, quand une émotion spontanée ou provoquée resserre ou dilate les vaisseaux pour produire de la pâleur ou de la rougeur, accélère ou ralentit les mouvements du coeur, augmente ou diminue la tension sanguine, une excitation vaso-motrice de même sorte doit raisonnablement être présumée capable de supprimer une congestion, d'arrêter une hémorragie, de modifier les échanges nutritifs jusqu'à exalter les défenses humorales et cellulaires et guérir des maladies.

Il est entendu qu'on connaît mal le mécanisme dont on se sert et les forces qui sont dans le jeu, qu'une expérience tâtonnante règle seule les effets souhaités. À chaque fois que la vie entre comme élément dans un problème, la science se heurte à une complexité pour ainsi dire occulte qui ressemble, au regard des forces définies de la physique, à une force-caprice. Il est de l'essence d'un art de se confier à cette force-caprice et de profiter même de ses surprises, alors que la science apparemment ne réussira pas de longtemps à la définir et la ferait plutôt disparaître qu'elle ne la domestiquerait, puisque, en captant tout ce qui s'y peut mesurer, elle en éliminerait justement l'impondérable. Supposez qu'un physicien mette en formules les combinaisons des sons et celles des couleurs; dans la proportion où il y parviendra, quelque chose mourra dans le monde, qui était le dynamisme intérieur d'un prélude de Bach ou d'un tableau de Rembrandt. Et le meilleur chimiste, avec un thermomètre et des dosages exacts, ratera immanquablement la sauce que réussit le tour de main de la cuisinière. Partout où le savoir s'introduit, il détruit une force psychique en abolissant un sentiment. Il y a des effets qui ont l'obscurité pour condition; ils n'apparaissent plus dès qu'on veut les examiner la lampe à la main. Mais, s'ils sont niables au grand jour, ils existaient pourtant.

Appelons donc magnétique, *sans rien préjuger*, une action psychique exercée par un homme avec ou sans le secours d'impressions sensorielles, de paroles persuasives ou de gestes, et produisant dans un autre homme des effets physiques, physiologiques et psychiques d'un caractère particulier, automatiques et pouvant excéder les possibilités ordinaires et normales du sujet.

Et, partant de ce point que le psychomagnétisme est un art, nous remarquerons que les possibilités d'un art ne sont pas rigoureusement encloses dans les limites de la connaissance, ni définies par la technique. Le premier individu venu, à l'aide d'un manuel de physique ou de chimie, obtiendra un courant électrique ou un dégagement d'oxygène. Mais sût-on par coeur tout ce qui peut s'apprendre à l'École de peinture ou au Conservatoire de musique, on n'y prendra pas la recette qui ferait d'un homme ordinaire un Titien ou un Beethoven. D'autre part, égalât-on ces grands artistes, il faudrait encore, pour que l'oeuvre produise l'effet attendu, qu'elle atteignît un cerveau réceptif. L'effet d'un art ne se produit pas avec la même exactitude que l'effet d'une expérience scientifique. Il est à la fois fonction d'une personnalité réceptive. Il est une communication établie entre deux cerveaux et proportionné à l'aptitude de l'un à émettre, de l'autre à recueillir le courant émotionnel.

Le magnétiseur

On naît avec la faculté de magnétiser. Certaines personnes possèdent naturellement et dès l'enfance le privilège de se faire écouter, de se faire obéir, d'imposer leurs façons de voir et de sentir, de persuader, de réduire leurs semblables aux attitudes passives. Ce don est indépendant de toute culture et de toute valeur morale, même de toute valeur intellectuelle. On subit l'autorité d'un homme qui ne vous vaut pas, mais qui donne l'impression d'une solidité et d'une certitude. Celui-là, qui est un chef, pourra devenir un magnétiseur s'il prend conscience de son pouvoir et si une instruction spéciale le renseigne sur les moyens de l'exercer, sur le *métier*, comme disent les artistes qui savent bien que le métier est le secondaire et la nature le principal, mais qui savent aussi que les plus grands dons restent inemployés quand on n'a pas de méthode. Disons d'ailleurs que personne n'est absolument dénué de ce pouvoir magnétique et que, là comme en toute chose, un exercice patient et obstiné peut et doit développer une volonté d'abord peu discernable, donner aux plus timides cet empire sur soi-même, cette certitude dans les actes qui est la condition de l'ascendant sur autrui. Par là, tout le monde peut prétendre à quelque degré de force magnétique de même qu'à «toucher» proprement du piano sans être un grand artiste. En cet ordre d'idées comme partout, la moindre conquête en facilite de successives. Et nous ne voulons pas dire que tout le monde doive tendre à provoquer chez autrui des phénomènes automatiques jusqu'à l'hypnose inclusivement, mais qu'une certaine gymnastique de l'autorité, une connaissance des forces psychiques et de leur utilisation donnent aux magnétiseurs et donneraient à toute personne le maximum de sa valeur sociale. La conduite de soi-même et des affaires a quelque chose à apprendre à l'école du magnétisme.

Le magnétisable

On naît magnétisable, comme on naît magnétiseur. C'est même la condition naturelle d'un très grand nombre de personnes, dont la passivité physiologique, psychologique et morale est dominée par la volonté, l'intelligence et l'imagination d'autrui, par une disposition naturelle à la soumission et à la foi. On est un *sujet* en proportion de son impressionnabilité et les meilleurs sujets sont les plus passifs, ceux qu'en certains milieux on appelle des *médiums*. Toute ignorance et toute faiblesse d'esprit, tout état corporellement maladif développe cette passivité qui peut d'ailleurs coïncider avec de grands talents et de grandes intelligences, avec du génie même, mais ne se passe pas d'un défaut de caractère. Un magnétisable n'est pas en infériorité si ce n'est sous le rapport de la force et de la décision. À tout autre point de vue, le magnétiseur peut lui être considérablement inférieur. Il suffit de remarquer que la plupart des très grands poètes et même des très grands savants, des philosophes et des prophètes se rangent dans la catégorie des magnétisables et ont dû à cela leurs malheurs, leur pauvreté, leur inadaptation à la vie, tandis que l'on rangerait de l'autre côté le marchand et l'industriel vulgaires qui profitèrent de leurs intuitions, de leurs travaux, de leurs découvertes et surent s'en faire des instruments de domination. Le magnétisable est une sensibilité, un détecteur humain.

Au reste, magnétiseurs et magnétisables ne s'opposent point absolument. C'est une question de degré et, théoriquement, on peut toujours être magnétisé par quelqu'un et en magnétiser quelque autre. Même entre deux personnes, il se produit des déplacements d'autorité qui mettent éventuellement dessus celle qui était dessous.

«L'essentiel, pour le magnétisme expérimental, est de sentir sa puissance et de choisir pour sujet d'expérience la personne dont la passivité se prête aux effets les plus apparents.»

La période contemporaine

Le magnétisme a beaucoup intéressé le monde scientifique ainsi que le milieu médical et des chercheurs renommés ont rénové les pratiques d'antan afin de les perfectionner pour les rendre plus efficaces.

L'une des plus grandes personnalités du magnétisme expérimental est Albert de Rochas, ancien administrateur de l'École Polytechnique de Paris. Il s'intéresse, surtout, aux phénomènes de l'extériorisation de la sensibilité. Il représente le chercheur scientifique le plus perfectionniste de notre époque et il est dommage que ses travaux n'aient pas été continués ni repris.

Un autre magnétiseur de grande rigueur expérimentale fut Hector Durville, fondateur et Directeur de l'École de Magnétisme de Paris.

Il s'orienta surtout vers la pratique thérapeutique du magnétisme.

Son enseignement, réputé, a formé les meilleurs praticiens de notre époque contemporaine.

Il publia une série d'ouvrages qui font autorité, notamment: *Le Traité expérimental de Magnétisme*, véritable petite encyclopédie sur le sujet.

Ensuite, il y a eu le Docteur Moutin, puis le Docteur Encausse, beaucoup plus connu sous le nom de Papus; ils ont fait progresser les expériences dans le domaine de la suggestion magnétique.

Les neveux de Hector Durville, Henri et Gaston, ont continué l'enseignement de ce dernier. De cette école sont sortis des magnétiseurs célèbres dont le plus connu est Clément Jagot.

N'oublions pas, non plus, les travaux considérables de l'École de Psychologie du Docteur Bérillon, à qui l'on doit de si belles et nombreuses guérisons. Après une période d'oubli, faute de praticiens compétents, le magnétisme est en train de retrouver la place qu'il occupait il y a quelques années car beaucoup de malades, déçus par les échecs de la médecine classique, se tournent de plus en plus vers les thérapeutiques douces et naturelles.

Ce renouveau est dû, en partie, à la radiesthésie qui développe la notion de fluide humain et qui encourage le praticien à aller plus loin dans la connaissance des forces magnétiques.

MÉDECINE, RADIESTHÉSIE, MAGNÉTISME

La radiesthésie peut rendre beaucoup de services dans la détection de la maladie. C'est ce que l'on appelle le diagnostic radiesthésique.

Nous sommes composés de cellules, nous le savons tous. Mais il faut savoir, surtout, que chaque cellule a son histoire, sa mémoire, son programme et sa polarité.

Notre corps émet, par conséquent, une fréquence principale qui se traduit, au premier niveau, par la sympathie ou l'antipathie et qui résulte de l'ensemble des fréquences cellulaires juxtaposées.

Cette fréquence principale représente l'individualité de la personne qu'il faut commencer par trouver pour pouvoir diagnostiquer la maladie ou le terrain fragile.

Méthode

Placer le patient face au nord dans une pièce bien éclairée ou au soleil si l'on pratique dehors.

On l'invite à présenter sa main gauche[1] la paume ouverte vers le ciel et on tient le pendule au-dessus.

Celui-ci doit se mettre en rotation positive dès l'instant où la longueur d'onde est trouvée.

On ausculte, ensuite, dans un premier temps, les parties du corps représentées dans la main dont la correspondance est donnée dans le diagramme de la page suivante.

1. Pour une femme, ce sera la main droite, la polarité de la femme étant inverse de celle de l'homme. Cependant, à la ménopause, les polarités de la femme et de l'homme redeviennent identiques.

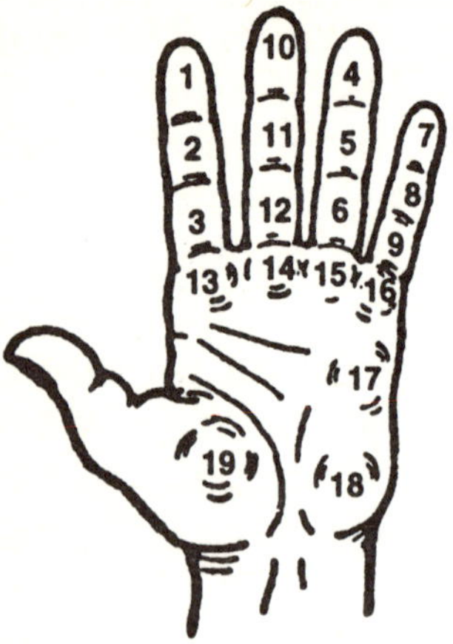

PHALANGES

1. *Cerveau, tête*
2. *Gorge, larynx*
3. *Bras, mains, épaules*
4. *Plexus, seins, assimilation*
5. *Estomac, diaphragme*
6. *Ventre, intestins*
7. *Reins, épine dorsale, fesses*
8. *Sexe, voies urinaires*
9. *Cuisses, hanches, anus*
10. *Genoux, jarrets*
11. *Jambes, chevilles*
12. *Pieds, orteils*

MONTS

13. *Circulation du sang, foie, système digestif, liquide séminal*
14. *Genoux, os, dents, rate, articulations, rhumatisme*
15. *Cœur, sang, vitalité*
16. *Cerveau, bras, système nerveux, poumons, bronches*
17. *Sexe externe, muscles, tendons, bile, nez*
18. *Estomac, poitrine, système lymphatique, humeurs*
19. *Seins, gorge, sexe interne, urines*

Note : Menstruations indiquées par arrêt du pendule sur N°13 et 8; remettre l'auscultation à quelques jours. Grossesse : arrêt sur N°19 et 4.

Le pendule tournera positivement si l'organe indiqué est sain et modifiera son mouvement si le terrain est affaibli.

Ce premier diagnostic est utile car il permet d'avoir une impression générale de l'état de santé du patient et de ses fragilités.

Afin de pouvoir établir un diagnostic concret et trouver l'organe causant le déséquilibre, il est nécessaire d'avoir quelques notions élémentaires d'anatomie.

Il faut, bien sûr, connaître l'emplacement exact des organes principaux du corps humain ainsi que le système circulatoire, le réseau nerveux et la structure osseuse formant le squelette.

Le schéma de la page suivante permettra au débutant de se repérer.

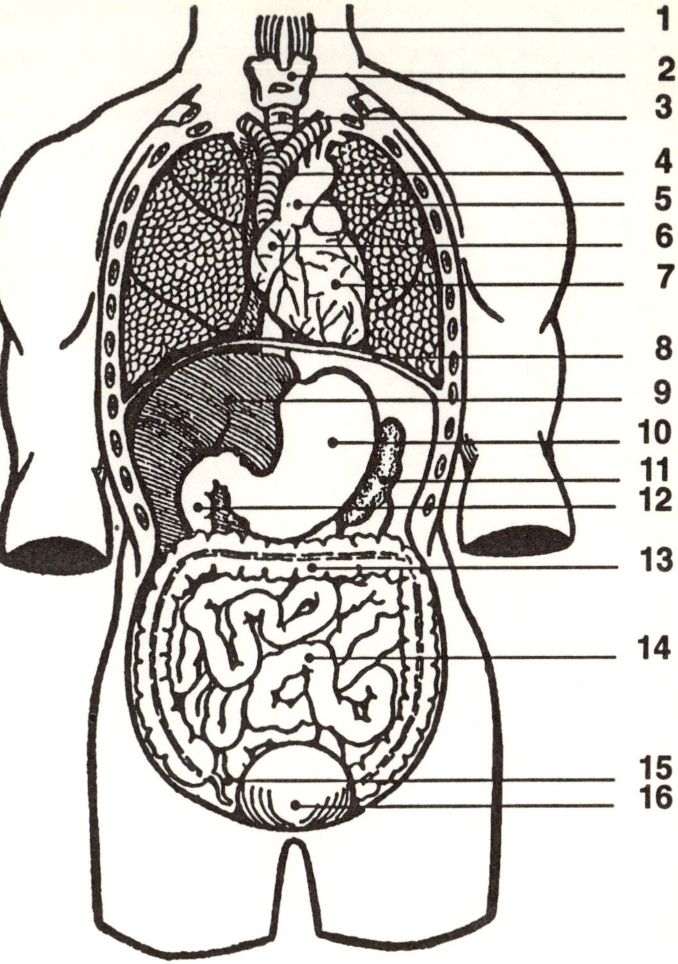

1. Larynx 2. Glande thyroïde 3. Trachée 4. Poumon 5. Aorte 6. Auricule du cœur 7. Cœur 8. Diaphragme 9. Foie 10. Estomac 11. Rate 12. Pancréas 13. Colon 14. Intestin grêle 15. Appendice 16. Vessie

Je conseille au praticien de se procurer une planche d'anatomie détaillée et de pratiquer directement avec le pendule, au-dessus.

LA CELLULE HUMAINE, LA CELLULE NERVEUSE ET L'INFLUX NERVEUX

Pour ceux qui se destinent à la radiesthésie médicale, il est bon de rappeler la structure de la cellule classique, de la cellule nerveuse et le trajet adopté par l'influx nerveux.

Cela permet de mieux comprendre le fonctionnement de la radiesthésie.

A) La cellule humaine

Chaque cellule présente une substance fondamentale, le cytoplasme, au centre duquel se trouve un noyau de forme très régulière apparaissant parfaitement circulaire.

La cellule est limitée par la membrane cytoplasmique.

Dans le cytoplasme se trouvent les vacuoles contenant le suc cellulaire.

Le noyau de la cellule est un organite, généralement unique et de forme globuleuse mais qui peut être allongé ou exceptionnellement de forme irrégulière, comme dans les leucocytes.

Le noyau comprend:

- les chromosomes vivant dans une substance appelée la chromatine;
- les nucléoles, sorte de globules sphériques;
- une membrane nucléaire, très mince, qui limite le noyau.

La cellule comprend également:

- les vacuoles, qui sont des cavités fixées dans le cytoplasme et contenant le suc vacuolaire, composé d'eau et de substances solubles dans l'eau (substances minérales et organiques);
- les pôles cellulaires (positifs et négatifs).

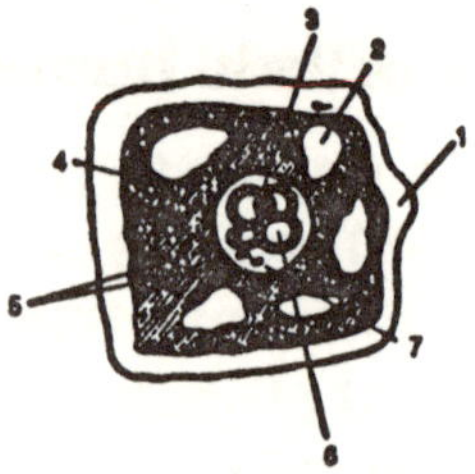

La cellule humaine

B) La cellule nerveuse

La cellule nerveuse comprend:

- un corps cellulaire contenant le noyau dont la membrane est extrêmement fine;
- des prolongements cytoplasmiques courts, ramifiés et qui vont en s'amincissant vers leur extrémité, *les dendrites*;
- un prolongement beaucoup plus long, peu ramifié, et qui garde sur toute sa longueur un diamètre constant, *l'axone*, aboutissant à une arborisation terminale;
- dans le cytoplasme, très granuleux, se trouve un réseau de *neurofibrilles*, très fines qui pénètrent dans tous les prolongements cellulaires en devenant parallèles;
- des amas granuleux, appelés *corps de NISSL*, qui tendent à disparaître dans les cellules nerveuses fatiguées par des excitations répétées. Les corps de NISSL sont une réserve nutritive de la cellule nerveuse.

On retrouve des cellules nerveuses dans la substance grise de tous les centres nerveux et dans les ganglions nerveux.

Ces cellules diffèrent les unes des autres par leurs formes et par leurs dimensions, mais elles ont toutes la même structure fondamentale.

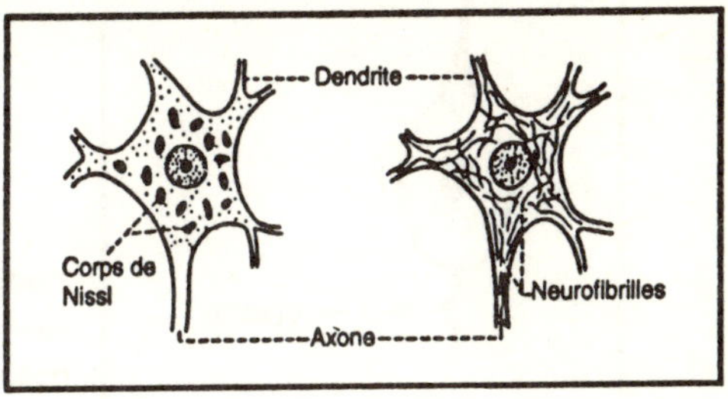

Structure des cellules nerveuses

C) Résumé des différents types de cellules nerveuses

D'après le nombre et la disposition des prolongements cellulaires, on distingue:

1) les cellules *multipolaires*, ayant un axone et de nombreuses dendrites (exemple: les cellules de la moelle épinière);

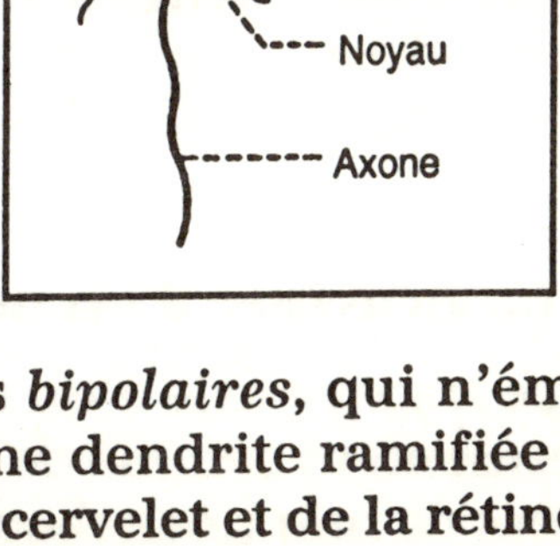

Cellules nerveuses multipolaires

2) les cellules *bipolaires*, qui n'émettent qu'un axone et une dendrite ramifiée (exemple: les cellules du cervelet et de la rétine);

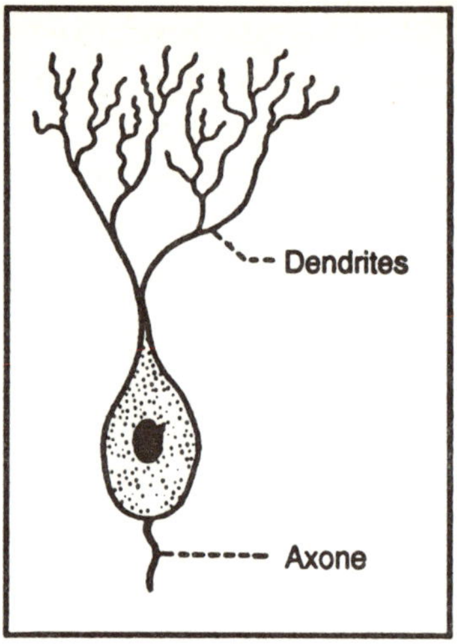

Cellules nerveuses bipolaires

3) les cellules *unipolaires*, qui paraissent n'avoir qu'un prolongement qui bifurque non loin du corps cellulaire, dessinant un T (exemple: les ganglions spinaux des nerfs rachidiens).

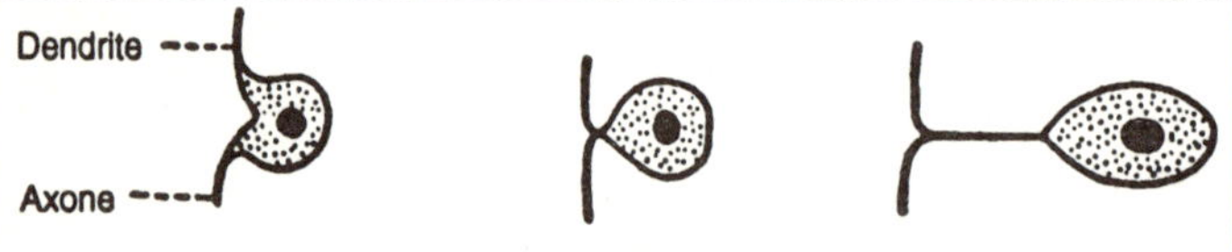

CELLULES NERVEUSES UNIPOLAIRES

En résumé, la substance grise du tissu nerveux est constituée essentiellement par des cellules nerveuses dont les prolongements cytoplasmiques s'enchevêtrent d'une façon inextricable.

D) La structure d'un nerf

Sur la coupe transversale d'un nerf, les fibres nerveuses se présentent comme de petites plages blanches cerclées de noir (manchon) avec au centre un point noir qui correspond à la section du cylindraxe. Elles sont groupées en faisceaux entourés chacun d'une gaine conjonctive dense et séparés les uns des autres par un tissu conjonctif adipeux où l'on observe des vaisseaux sanguins.

Une enveloppe fibreuse externe, l'épinèvre, protège l'ensemble.

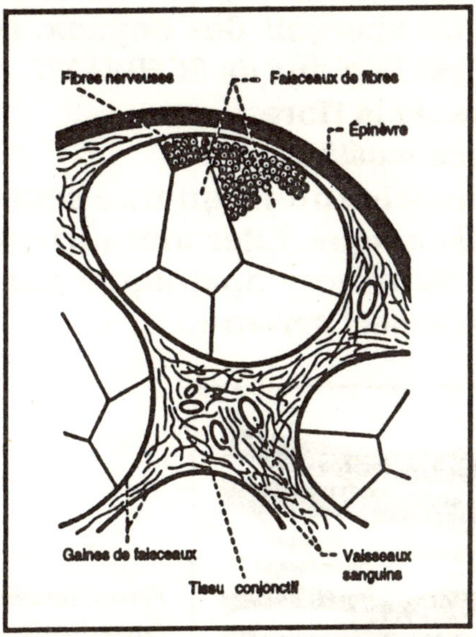

Coupe transversale d'un nerf

E) Les fibres nerveuses du nerf sciatique

Les fibres nerveuses sont de calibre très variable, mais elles ont toutes la même structure fondamentale: un cylindraxe qui garde sur toute sa longueur un diamètre constant entouré d'un manchon.

Dans le nerf sciatique, il y a deux sortes de fibres reconnaissables à leurs gaines.

a) *Fibres à myéline*

Ces fibres, qui sont les plus nombreuses, ont leur cylindraxe entouré par un manchon d'un lipide phosphoré, *la myéline*. C'est cette gaine de myéline qui donne aux nerfs et à la substance blanche des centres nerveux leur couleur blanc nacré.

De temps en temps, des étranglements interrompent la myéline. C'est de là que partent des ramifications s'échappant à angle droit, les *collatérales*.

Une gaine cytoplasmique très fine, transparente, où l'on aperçoit des noyaux, recouvre la myéline. C'est la *gaine de SCHWANN*, cerclant de noir le corps de la fibre.

b) *Fibres sans myéline*

Elles ne présentent qu'une seule gaine, la gaine cytoplasmique. Elles sont surtout présentes dans les nerfs orthosympathiques auxquels elles donnent un aspect grisâtre.

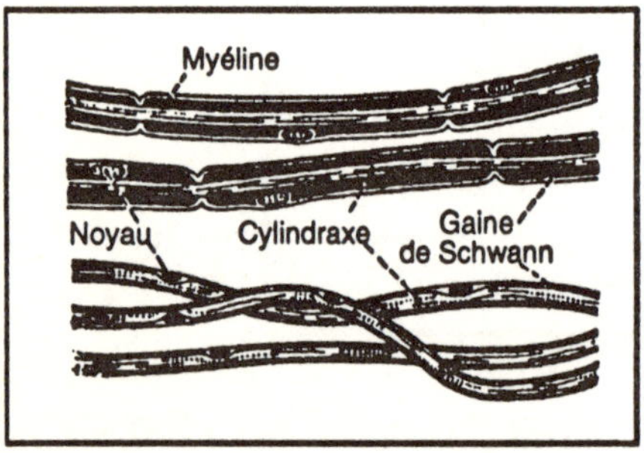

Fibres nerveuses; représentation schématique de fibres à myéline et de fibres sans myéline

F) La notion de neurone

On appelle neurone cette cellule très particulière faite d'une masse cytoplasmique périnucléaire ou corps cellulaire, de dendrites généralement courts et ramifiés et d'un axone souvent très long, présentant des collatérales et une arborisation terminale.

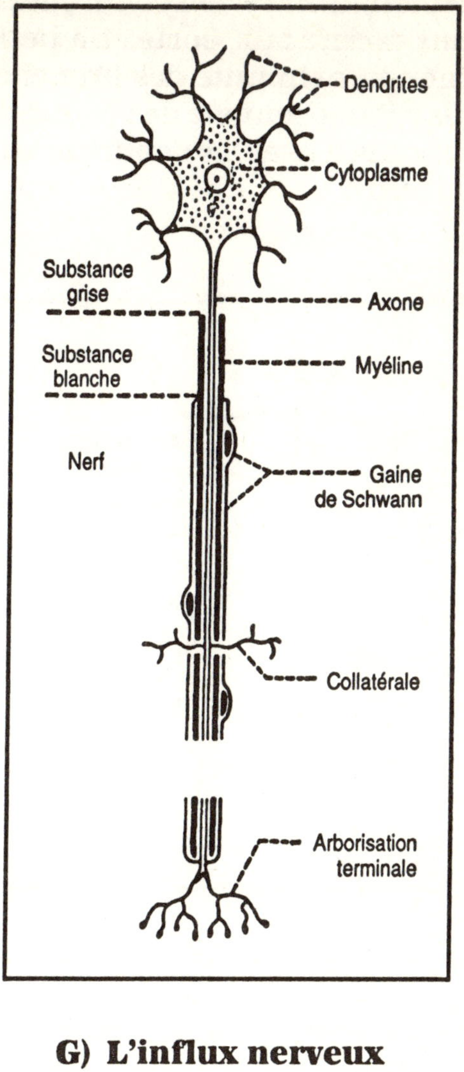

Schéma d'un neurone

G) L'influx nerveux

Dans le tissu nerveux, les neurones ne sont pas en continuité les uns avec les autres, mais seulement *en contact.*

En effet, la dégénérescence obtenue par section d'une fibre nerveuse ne franchit jamais les limites d'un neurone. Chaque neurone apparaît, de ce fait, comme une unité anatomique.

L'articulation entre deux neurones se fait par des *boutons terminaux*, sortes de petits renflements situés à l'extrémité des branches ultimes de l'arborisation terminale de l'axone de l'un qui entrent en contact avec les dendrites ou corps cellulaire de l'autre.

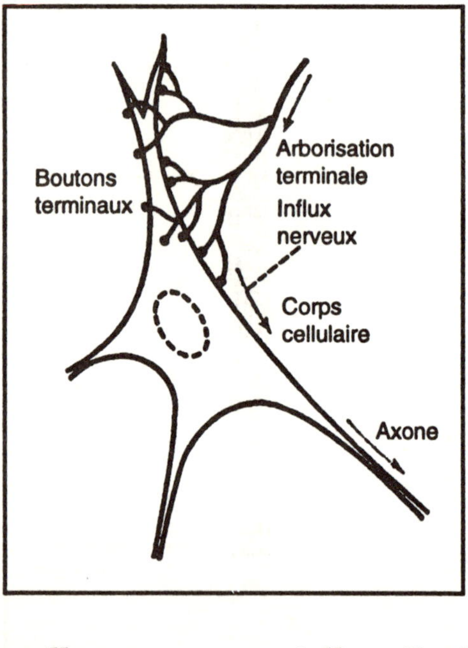

Une synapse

On appelle *synapse* une telle articulation, un tel contact.

L'ensemble du tissu nerveux est constitué par une multitude de chaînes de neurones à multiples embranchements et sur lesquelles se propage l'influx nerveux.

Si nous isolons schématiquement (voir à la page suivante) une de ces chaînes neuroniques, la connexion entre deux neurones consécutifs se fait uniquement et immuablement de cette manière:

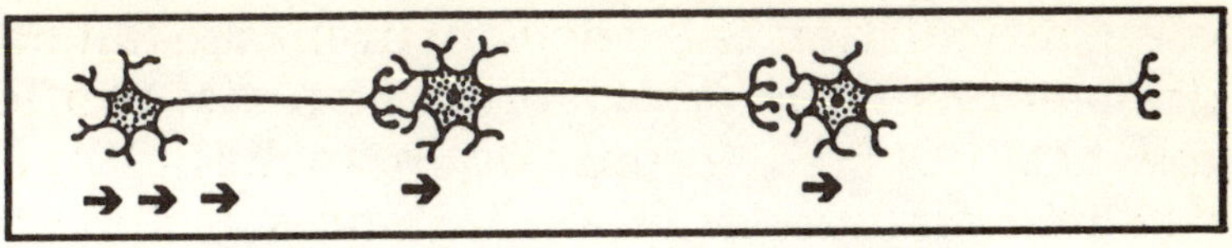

(→ : sens de l'influx nerveux) Une chaîne neuronique

L'axone de l'un se met en rapport avec le corps cellulaire ou les dendrites du neurone suivant.

Le sens de la propagation de l'influx nerveux dans les nerfs se fait à sens unique: l'influx nerveux va des dendrites à l'axone à travers le corps cellulaire. Au niveau d'une synapse, la transmission de l'influx nerveux se fait donc toujours et exclusivement de l'arborisation terminale de l'un des neurones aux dendrites ou corps cellulaire de l'autre.

Le fluide radiesthésique va suivre le même trajet, le système nerveux lui servant de support.

H) Influence de la drogue sur la synapse

Le dégât majeur causé par la drogue se situe à ce niveau.

La plupart des drogues, en effet, détruisent définitivement la synapse, en provoquant un court-circuit dans le contact, d'où cette impression de sortir de soi-même en un éclair.

Cette destruction du contact des neurones entre eux est irréversible. Le drogué, neutralisant progressivement et en quantité ses neurones, finit par tuer ceux-ci et s'enfonce peu à peu dans l'abrutissement, la dépendance et la ruine de sa personnalité consciente, car il se coupe tragiquement de la communication extérieure.

COMMENT PRATIQUER LE MAGNÉTISME

La technique magnétique sur le plan de l'amélioration de la santé ne peut être improvisée. C'est pour cela que nous empruntons à Henri DURVILLE, un des plus grands magnétiseurs de notre époque, la description de la pratique magnétique qui a fait ses preuves.

En progressant dans la connaissance du magnétisme, on affine le sens radiesthésique.

Les passes magnétiques

Le procédé magnétique que nous employons aujourd'hui sous le nom de *passes* ne paraît pas avoir été employé sous ce nom par les guérisseurs célèbres de l'Antiquité. Ils pratiquaient ce que l'on appelait alors *l'imposition des mains*, qui semble comprendre et l'action de la main immobile présentée à distance (imposition d'aujourd'hui) et l'action de la main, présentée également à distance mais en mouvement (*passes*). C'est du moins ce que l'on peut penser à l'examen des documents artistiques que les âges suivants nous ont laissés.

Je reproduis ici trois figures dans lesquelles on voit, de la façon la plus évidente, surtout dans la troisième, que la main ou les mains, exécutent des mouvements à distance, de haut en bas, c'est-à-dire des passes comme nous les exécutons aujourd'hui.

Jésus ressuscite la fille de Jaïre. (Tiré de la Bible de Julio Schnorr.)

Le prophète Elie ressuscite le fils de la veuve de Sarepta. (Elie, Rois, 1 ,17). Tiré du Journal du Magnétisme, t. XIX.

Saint-Paul imposant les mains sur un malade. (Fragment d'un tableau de Lesueur.)

Les passes longitudinales se pratiquent soit seulement sur la partie malade, sur un côté du corps ou sur les deux à la fois; du sommet de la tête jusqu'à la partie inférieure du tronc, et même de la tête jusqu'à l'extrémité des pieds. On les fait toujours de haut en bas, et jamais de bas en haut.

Une passe longitudinale, en prenant pour exemple une passe exécutée de la tête à la partie inférieure du tronc, se pratique ordinairement de la manière suivante: on commence sur le sommet de la tête, et l'on descend le long du tronc. Il ne faut employer aucune force musculaire, présenter la main et non la tendre en la raidissant, les doigts légèrement séparés les uns des autres, sans être écartés. Elle doit être à plat, la paume en dessous, et comme soutenue en l'air; puis on la laisse descendre un peu comme si on voulait tracer à l'aide des doigts cinq lignes perpendiculaires sur la surface du corps, ou mieux encore répartir de haut en bas *un quelque chose* - disons l'agent magnétique - que l'on aurait versé sur la tête et sur la poitrine. À l'instant où les mains sont arrivées en bas, on les ferme, comme pour retenir un instant l'agent magnétique qui continuerait à s'échapper, et on les reporte au-dessus de la tête, en ayant soin de les relever, non pas en face du corps, ce qui pourrait troubler le mouvement imprimé par la passe précédente, mais de côté. Lorsque les mains ainsi fermées sont arrivées au sommet de la tête, on les ouvre, en écartant légèrement les doigts, comme pour verser et éparpiller cette poignée de *quelque chose*, - afin de matérialiser la pensée, disons une poignée de son -, et l'on redescend plus ou moins lentement, comme je viens de le dire.

C'est de cette façon que le plus grand nombre des anciens magnétiseurs pratiquaient une série de passes longitudinales.

Partant de ce principe, que sur un organe, on exécute souvent des passes avec une seule main, et qu'il est disgracieux de la relever de côté, en décrivant ainsi des ellipses plus ou moins régulières, au lieu de remonter les mains à la droite et à la gauche du malade, je préfère retirer le haut du corps en arrière pour m'éloigner de celui-ci, et remonter les mains un peu au-dessus du niveau de la partie supérieure de la tête, en passant, les poings fermés, au-devant de ma poitrine. Les deux groupes de figures suivantes montrent les divers mouvements d'une passe, que je divise en deux temps : 1er *temps*, exécuter une passe; 2e *temps*, se disposer à en exécuter une autre.

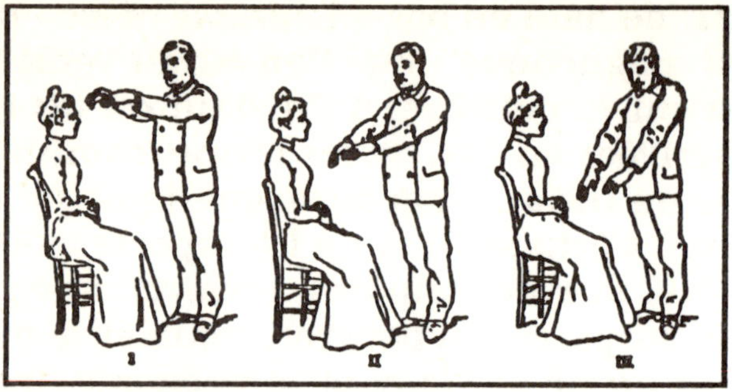

Passe longitudinale. - Premier temps

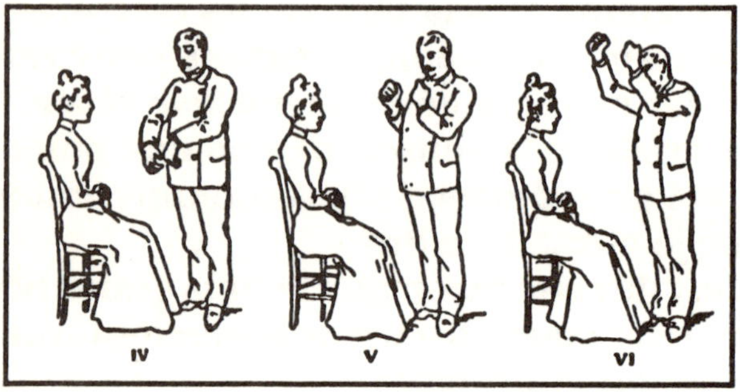

Passe longitudinale. - Deuxième temps

Dans le premier temps, représenté par les figures du 1er groupe, je fais comme si je versais l'agent magnétique sur le malade, au niveau du front; puis je descends sur les côtés latéraux ou sur le devant du corps; et, continuant leur course, mes mains arrivent à la partie inférieure du tronc.

Là, le premier temps est exécuté; à proprement dire, la première passe est faite; mais je dois me préparer à en faire une seconde. Pour cela, comme l'indiquent les figures du second groupe, je ferme les mains en les rapprochant de moi; puis, portant le haut du corps en arrière, afin de m'éloigner du malade, et rapprochant les coudes près du corps, je relève les mains (fermées), la face dorsale du côté du malade; et je les élève jusqu'à 8 ou 10 centimètres au-dessus de ma tête. Là, prêt à exécuter une seconde passe, je n'ai plus qu'à tourner les mains, la face palmaire vers le malade et à *verser* l'agent magnétique (les anciens magnétiseurs disaient *le fluide*) sur la région frontale, et continuer ainsi.

Pratiquées très lentement, à une distance de 10 à 15 centimètres, les passes longitudinales *chargent, saturent* le corps du sujet, et leur action se traduit ordinairement par une impression de calme et de bien-être. (Pour exécuter une passe longitudinale très lentement, il faut au moins 30 secondes.) Pratiquées moins lentement, elles deviennent stimulantes, et leur action est presque toujours appréciable sous la forme d'un courant de fraîcheur qui, à l'intérieur du corps, suit et même précède le mouvement que fait la main à l'extérieur. Pratiquées rapidement, de haut en bas, à une distance de 40 à 50 centimètres, elles prennent le nom de *passes à grands courants*. Leur action, qui est également stimulante, dégage la tête et la poitrine, réchauffe les extrémités, entraîne les humeurs et régularise la circulation.

C'est sous l'action des passes pratiquées très lentement de la tête à la région de l'estomac d'abord, puis sur la tête seulement, que les sujets sensitifs s'endorment du sommeil magnétique.

Il arrive parfois que ces derniers, ainsi que les malades nerveux que l'on magnétise pour la première fois, éprouvent de l'oppression, qui pourrait aller jusqu'à la suffocation. On évite ce malaise dès que l'oppression se fait sentir, en faisant des passes à grands courants de la tête aux pieds, ou mieux encore, en faisant des passes transversales sur la tête et sur la poitrine.

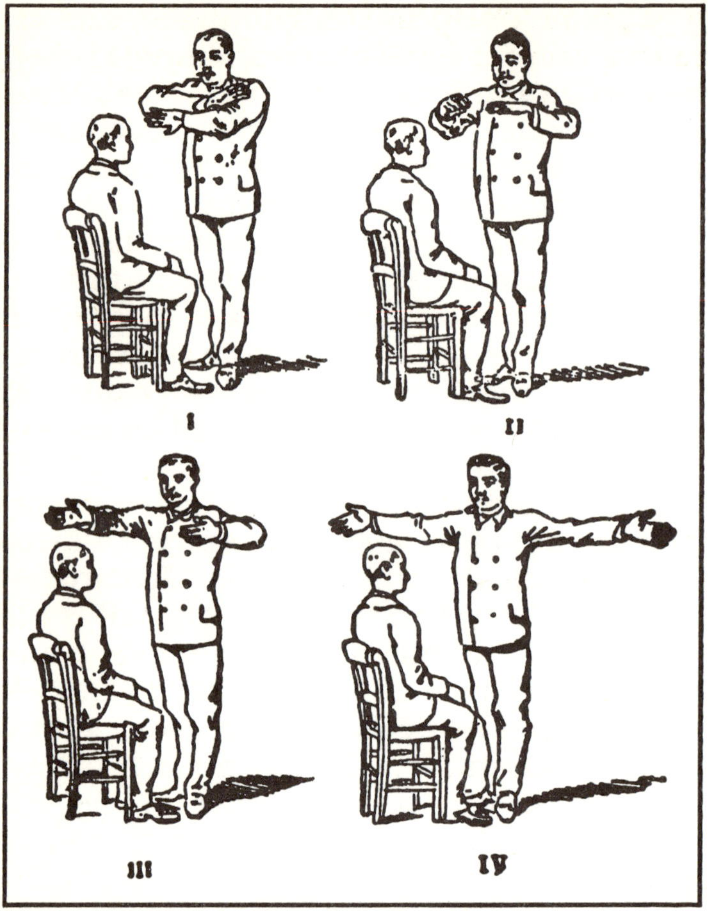

Les passes transversales ont une action différente des passes longitudinales pratiquées très lentement. On pourrait même dire que si l'action de ces dernières est magnétisante, celle des autres est démagnétisante. Dans tous les cas, elles dégagent et allègent la tête alourdie ou congestionnée, font cesser l'oppression et réveillent le somnambule endormi magnétiquement, en laissant presque toujours une impression de calme et de bien-être accompagnée de fraîcheur agréable.

Comme une passe longitudinale, une passe transversale s'exécute en deux temps: 1er *temps*, exécuter une passe; 2e *temps*, se disposer à en exécuter une autre.

Dans le premier temps, représenté par les quatre figures (page précédente), on voit la position des bras, des avant-bras et des mains.

Fig. 1: Les avant-bras sont croisés l'un sur l'autre à la hauteur de la partie moyenne de la poitrine, les mains ouvertes, la face palmaire dirigée vers le malade, les pouces en bas, les doigts légèrement séparés les uns des autres, sans être écartés.

Fig. 2: Les bras s'allongent et les mains, avec les avant-bras, commencent à exécuter un mouvement de rotation qui va tourner la main de telle façon que, les bras étant allongés, la face palmaire reste dirigée vers le malade, les pouces en dessus.

Fig. 3: Les bras s'étendent, les mains et les avant-bras tournent et le mouvement commencé continue.

Fig. 4: Les bras sont entièrement étendus et forment une ligne horizontale, la face palmaire des mains est présentée au malade, et les doigts sont toujours légèrement séparés les uns des autres, sans être écartés.

Deuxième temps. Les bras étant dans la position indiquée par la fig. IV, il n'y a plus qu'à ramener les avant-bras l'un au-devant de l'autre, en tournant les mains, pour reprendre la position de la fig. I, et continuer rapidement, en écartant et en croisant successivement les bras, comme pour éventer le malade et agiter de l'air autour de lui.

On pratique généralement les passes transversales au-dessus de la tête, sur la figure et sur la poitrine; mais on peut également les pratiquer sur les côtés, sur la colonne vertébrale et sur les jambes. Leur action est calmante, dégageante sur toutes les parties du corps.

Les anciens magnétiseurs employaient beaucoup de passes transversales pour dégager les malades, ou tout au moins les parties affectées. Avec la théorie de l'émission, l'emploi de ce procédé était justifié, car on pensait qu'un fluide de mauvaise qualité enveloppait le malade ou la partie affectée, et qu'il était de toute nécessité de s'en débarrasser. Les magnétiseurs d'aujourd'hui dégagent beaucoup moins leurs malades, et ils ont certainement raison. En effet, ce dégagement ne me paraît utile que lorsque le malade est engourdi, ou que la tête, pesante, plus ou moins chaude, est congestionnée.

L'imposition des mains

L'imposition des mains pratiquée chez les anciens constituait la base de ce que nous pourrions appeler aujourd'hui *le magnétisme occulte* ou divin. C'est surtout par l'imposition des mains que les prêtres et les initiés aux mystères du culte, chez les Égyptiens, opéraient les guérisons merveilleuses dont l'histoire nous a conservé le récit. Une figure curieuse que l'on peut contempler à la Bibliothèque nationale, est une scène du Zodiaque de Denderah, qui représente Isis, la grande déesse égyptienne, magnétisant son fils Orus, qu'elle tient debout dans sa main gauche, en imposant sa main droite vers lui.

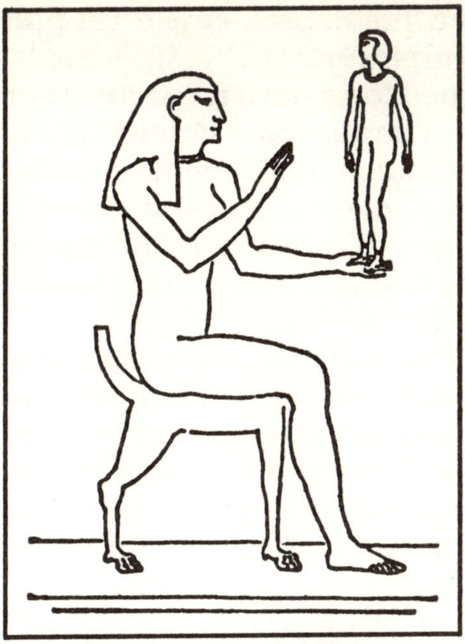

Isis imposant la main sur son fils Orus
(Tiré du Zodiaque de Denderah)

Chez les Hébreux, l'imposition des mains était employée en maintes circonstances, non seulement par les prophètes et les guérisseurs divers pour guérir les maladies, mais aussi pour transmettre un pouvoir quelconque de l'un à l'autre. Au lit de mort, la bénédiction, qui devait attirer sur la tête de celui qui la recevait les faveurs de l'Éternel, était donnée par l'imposition des mains. Souvent, le don de prophétie était communiqué de la même façon, non seulement par les hommes, mais aussi par l'Éternel. «Dieu imposa les mains sur lui et il prophétisa.»

Si Dieu emploie l'imposition des mains envers les hommes, ceux-ci ont dû l'employer entre eux. Ils l'ont employée, nous en trouvons des preuves très nombreuses dans tous les livres de l'Ancien Testament; et je dirai plus: ils l'ont toujours employée.

Lorsque Moïse désigna Aaron pour conduire le peuple d'Israël dans la terre promise, il lui imposa les mains. «Et Josué fut rempli de l'esprit de sagesse parce que Moïse lui avait imposé les mains; et les enfants d'Israël lui obéirent, en faisant ce que le seigneur avait commandé à Moïse.» (Deut., c. 34)

Dans l'imposition pratiquée par les anciens magnétiseurs, les figures montrant ce procédé représentent graphiquement le fluide magnétique sortant des mains et particulièrement du bout des doigts, par un pointillé qui fait fort bien comprendre son mode de communication.

Sur le plan purement pratique, comme le souligne R. BAJOLAIS, un autre grand magnétiseur, l'imposition des mains doit être faite directement sur la peau, car elle est bien plus active que pratiquée à travers les vêtements. Sur les parties larges, on pose la main bien à plat, sur les parties rondes que la main peut prendre, on entoure avec la ou les mains la partie ronde, avec les doigts rapprochés: bras, jambes, cou.

L' imposition palmaire est calmante et relaxante des fibres musculaires dont elle fait cesser la contraction. On peut l'utiliser pour lutter contre l'irritation, les tensions, les obstructions qu'elle dissipe bien. Elle favorise la production des sécrétions des glandes, les excrétions.

Les impositions se pratiquent sous forme de contact soit simple, soit double.

Dans le contact simple, on pose une seule main sur l'organe sur lequel on veut agir. Si à l'aide des deux mains, on établit une sorte de circuit continu entre deux organes éloignés comme par exemple lorsqu'on place une main au cervelet, l'autre au plexus solaire, on réalise un contact double, ou bien aussi lorsqu'on place une main au front ou au niveau de la thyroïde et l'autre au plexus solaire.

Voici comment pratiquer aux différents niveaux organiques les contacts simples.

Dans tous les cas, il faut placer la main à plat, les doigts légèrement écartés et reposant sur la partie où on les applique sans aucune contraction ni raideur.

Sur la tête

Étant assis devant le sujet, posez la main comme il vient d'être indiqué, sur le front, la base de la paume à la racine du nez, les doigts reposant sur la tête.

Sur l'estomac

Assis devant le sujet, posez la main de telle façon que le centre de la paume couvre le creux épigastrique; les doigts seront écartés et reposeront sur le sternum et sur les côtes inférieures.

Sur le ventre

Placé devant votre sujet, vous posez toujours bien souplement votre paume bien à plat de telle sorte que votre main ait son centre sur le nombril et que les doigts s'épanouissent sur l'abdomen.

Sur le dos

Vous placerez votre main entre les deux épaules, les doigts s'étalant sur les omoplates.

Sur la nuque

Les doigts s'étaleront sur la région dite occipitale, tandis que la paume sera posée sur le cou.

Quant aux contacts doubles, voici comment vous devez les pratiquer sur les différentes parties du corps.

Sur la tête

Placé à la droite du sujet, vous prenez sa tête entre vos deux mains, l'une posée sur la nuque, l'autre sur le front, ou bien encore placé derrière le sujet, une main sur chaque oreille et les doigts sur le front, le petit doigt sur les yeux.

Sur les yeux

Asseyez-vous devant votre sujet et posez bien la paume de votre main par son centre sur le trou de l'oeil, les doigts écartés, souplement posés sur le front et les arcades sourcilières.

Sur les épaules

Vous placerez les mains bien à plat de chaque côté du cou, les doigts touchant la partie postérieure de l'épaule, de manière à couvrir la plus grande partie des nerfs qui viennent de la tête et vont vers le plexus solaire.

Il a été reconnu que cette imposition est particulièrement active.

Sur le plexus solaire

Ici, vous placerez les pouces au creux de l'estomac, de telle façon que les ongles des pouces se touchent par le côté interne, les doigts allongés et écartés en direction des côtes vers les hanches.

Sur le ventre

Procédez de même, en plaçant les pouces sur le nombril.

Sur les reins

Assis devant le sujet, l'opérateur passe les mains comme s'il voulait prendre le sujet par la taille et place ses deux mains bien à plat, les pouces allongés et les doigts se touchant par le bout.

Pour toutes les autres régions, on s'inspirera du même esprit d'application.

Il est bon de savoir que les impositions de mains effectuées sur la tête et au-dessus de la ceinture, agissant directement sur les centres nerveux et sur le point de départ des courants qu'ils émettent, produisent un effet de concentration active; il ne faut pas trop prolonger cette manoeuvre pour ne pas surcharger ces centres et produire des troubles ou une excitation inopportune.

L'ENTRAÎNEMENT MAGNÉTIQUE

Pour l'élève radiesthésiste, il est souhaitable de connaître et de développer le pouvoir magnétique, ce qui l'aidera à augmenter sa fréquence vibratoire pour ses travaux avec la baguette ou le pendule.

À cet effet, j'ai choisi les exercices les plus efficaces et les plus sérieux dans ce domaine[1].

Premier exercice

S'asseoir sur un tabouret ou une chaise placée de côté, de façon qu'étant assis le buste bien droit, toutes les parties du dos, depuis le coccyx, y compris le creux des reins, la région dorsale, les omoplates, ainsi que le dos de la tête s'appliquent exactement au mur. Les pieds seront posés bien à plat à terre, les jambes formant un angle droit avec les cuisses. Placez les mains sur le dessus des cuisses, bien à plat aussi. Cette position parfaitement réalisée, détendez tous vos muscles, le plus que vous pourrez, comme s'ils étaient morts, sauf ceux du dos, qui doivent tenir celui-ci plaqué au mur sur toute sa longueur et sans le fléchir. Le ventre sera rentré légèrement sans contraction exagérée.

Dans cette position, la colonne vertébrale est érigée en une ligne aussi droite qu'il est possible, sans contracture, les vertèbres reposent sur leurs points d'appui naturels et les nerfs rachidiens qui émergent de chaque côté ne sont nullement coincés à leur sortie entre le disque intervertébral et la vertèbre, ce qui permet une circulation aisée de l'influx nerveux et la charge des plexus

---

1. Exercices expérimentés et recommandés par le Professeur RENO-BAJOLAIS, spécialiste en magnétisme appliqué.

ganglionnaires, véritables accumulateurs de ce fluide, d'où ensuite il est réparti, selon les besoins, dans les divers organes qu'il est chargé d'animer.

Cette attitude prise, très lentement, avec la plus grande douceur possible, vous chassez l'air de vos poumons, entre vos lèvres à peine entrouvertes et placées comme si vous vouliez siffler.

Pour commencer, la première semaine, vous comptez pendant tout le temps de l'expiration, mentalement, jusqu'à 7. À ce moment, vous arrêtez le mouvement expiratoire et vous marquez un temps d'arrêt dans l'émission du souffle en comptant jusqu'à 3. C'est là le premier temps de cet exercice. Vous relaxez les muscles, dont l'expiration profonde avait provoqué la contraction, et bien doucement au départ, vous laissez l'air entrer dans vos poumons par mouvement réflexe. Pendant le temps nécessaire à l'inspiration, vous comptez jusqu'à 5, au même rythme que tout à l'heure, c'est-à-dire à celui d'environ une seconde par chiffre. Vos poumons doivent être entièrement remplis d'air lorsque vous arrivez au nombre 5, et sans que votre poitrine se soit dilatée exagérément, de manière à ne pas distendre trop les alvéoles pulmonaires. Arrivé à ce point, vous recompterez jusqu'à 3 en retenant votre souffle et vous recommencerez, ainsi de suite. Au début, vous ne devrez pas faire durer cet exercice plus de trois minutes et ne le renouveler que trois fois au cours de la journée. En somme, vous devrez le faire le matin au réveil, à midi, et le soir avant de vous coucher, devant la fenêtre ouverte.

Au bout d'une semaine, vous en augmenterez la durée d'une minute chaque fois sans augmenter le nombre des séances, car l'exagération constitue un grave danger pour l'appareil pulmonaire, par suite de la fatigue et de la trop grande quantité d'oxygène introduit brutalement dans le sang en un temps trop court.

Toute l'attention devra être concentrée sur cet acte. On devra imaginer l'air contenant le fluide universel se répartir dans tous les organes et s'emmagasiner de chaque côté de la colonne vertébrale tout le long du nerf sympathique. Il est évident que cette représentation est une fiction qui ne sert qu'à fixer intensément l'activité mentale sur un acte capital et à éviter la dispersion de l'attention qu'il s'agit au contraire de concentrer sur un unique objet, ici l'acte respiratoire.

Chaque semaine, vous allongerez un peu la durée de la séance de gymnastique respiratoire jusqu'à atteindre 10 minutes par séance. Cela sera suffisant.

Deuxième exercice

Le deuxième exercice préparatoire consiste à développer la fixité du regard et son assurance.

Un regard bien assuré et convenablement dirigé vous permettra, même en dehors des séances de magnétisme, d'influencer tout sujet sensible et le nombre de ceux-ci est assez grand dans la vie actuelle par suite de l'accentuation du stress.

Pour y parvenir, vous devrez dessiner, sur une feuille de papier blanc, un gros point noir ayant les dimensions d'une pièce de 50 centimes; ensuite vous la fixerez au mur à l'aide d'une punaise à dessin, à la hauteur des yeux; vous vous placerez à une distance d'environ un mètre. Ceci fait, vous fixerez ce point noir aussi longtemps que possible sans cligner les yeux, en résistant de toutes vos forces au besoin d'abaisser les paupières.

Vingt minutes de cet exercice sont nécessaires chaque jour pour parvenir au résultat désiré. Le point noir sur le papier devra, au bout de quelques jours, une huitaine environ, être remplacé par une petite boule de verre (bouchon de carafe uni ou à facette, petite boule de cristal provenant d'un lustre) et posée sur un support qui pourra être soit un tube de carton ou le goulot d'un flacon débouché ou tout autre support de votre choix. Cette boule devra, autant que faire se pourra, recevoir l'éclairage d'une source de lumière située derrière vous, fenêtre ou lampe, selon le moment ou vous opérerez.

Au début, vous tenterez de ne pas cligner des paupières pendant une minute, vous contrôlerez en comptant mentalement jusqu'à soixante, puis quatre-vingt-dix, ensuite jusqu'à cent vingt et ainsi de suite. Chaque fois il sera suivi d'une séance de l'exercice appelé Palming par les Américains, et qui consiste à appliquer les paumes sur les yeux clos et se représenter des images quelconques, ceci afin de reposer l'oeil fatigué par la contraction imposée par cet exercice.

Troisième exercice

Celui-ci porte sur la concentration de pensée; il a pour but de fixer, ou plutôt de concentrer la pensée du magnétiseur et de donner à celle-ci une très grande puissance vibratoire. L'opérateur doit pouvoir s'abstraire entièrement de tout ce qui l'entoure et ne pas voir sa pensée distraite un seul instant du résultat qu'il désire obtenir. Il y parviendra par l'exercice suivant que nous empruntons encore aux Hindous, et dont voici le mécanisme.

Assis ou couché, tous les muscles bien détendus, restez immobile de façon totale pendant deux ou trois minutes, commencez à détendre les muscles de vos bras, puis ceux de vos jambes, décontractez vos mâchoires, portez votre attention progressivement sur tous les muscles de votre corps. Vous saurez que vous y êtes parvenu lorsque vous ressentirez comme un engourdissement de tout votre être semblable à celui qui souvent précède le sommeil.

À ce moment seulement commencera l'essai de concentration. Vous prononcez mentalement la syllabe sacrée des Hindous, *aoum*, régulièrement, sans hâte. Au début, il arrivera fréquemment que vous vous surpreniez à penser tout à coup à autre chose, il vous faudra alors sans effort, mais inlassablement, vous contraindre à ramener toute votre attention sur le mot en question.

Ce mot n'a par lui-même aucune vertu, mais il est simple à prononcer et sa répétition continue crée un monoïdéisme qui vide le cerveau de toutes les pensées parasites qui l'encombrent inutilement et le prépare à l'acte volontaire de la concentration de pensée sur un objet ou une idée unique.

Pendant quelques jours, nous vous conseillons de faire cet exercice le matin avant de vous lever et le soir avant de vous endormir.

Ensuite, quand vous en aurez une certaine pratique, pour gagner du temps, disons après quinze jours d'essai sérieux et sans défaillance de ces trois exercices, nous vous conseillerons de les jumeler ainsi: assis bien droit comme il a été dit à propos de la position indiquée pour pratiquer la respiration rythmée, vous fixez simultanément le point noir ou la boule de verre en prononçant mentalement le mot *aoum*, en vous efforçant de ne pas laisser distraire votre attention de ces trois exercices combinés en un seul. La prononciation de la syllabe choisie vous dispensera de compter; il suffira de prononcer celle-ci assez rapidement de manière inaudible un nombre de fois correspondant à une respiration entière, faite comme nous vous l'avons indiqué. Vous pourrez procéder ainsi après quinze jours d'entraînement préparatoire. Pour obtenir des résultats plus rapides en dehors de cette phase d'entraînement, au cours de la journée, vous devrez, chaque fois que vous en aurez la possibilité, soit dans le métro, soit en lisant, soit en effectuant votre travail, vous entraîner à garder l'oeil fixement ouvert et à concentrer votre attention sur les actes que comporte votre travail ou toute pensée que vous voudrez, en chassant impitoyablement tout ce qui n'est pas la pensée choisie. Vous pouvez ainsi trouver le temps nécessaire à assurer vos progrès sans y consacrer la totalité de vos moments de liberté.

Quatrième exercice

À partir de la fin de la troisième semaine, vous allez pouvoir aborder l'entraînement magnétique proprement dit et le combiner avec l'entraînement à la suggestion.

Vous ne devrez pas pour cela délaisser ni diminuer la durée de ces exercices qui doivent être pratiqués de façon méthodique et constante au même titre que l'entraînement du sportif.

Le soir, vous vous retirerez dans votre chambre. Vous installerez devant vous un siège, une chaise avec un dossier le plus haut possible, sur laquelle vous supposerez votre sujet à magnétiser confortablement assis, comme si vous l'aviez en face de vous; vous lui recommandez de détendre tous ses muscles, de détacher son esprit de tout ce qui n'est pas l'idée de s'abandonner à votre influence, ou au sommeil, si vous désirez l'endormir.

Après avoir donné à voix haute, mais sans éclat, d'un ton calme et affirmatif, ces conseils, et expliqué au patient qu'il n'a rien à craindre, qu'au contraire, il ne tirera que des avantages de la magnétisation, vous élevez, dans un mouvement souple vos bras, les coudes à demi fléchis, au niveau supposé du sommet de la tête du sujet imaginaire et vous les descendez jusqu'au bout de leur course sans hâte, sans aucune raideur; cela est absolument indispensable. Arrivés à bout de course, vous les écartez en dehors des côtés du siège. À ce moment, vous fermez les poings et vous les ouvrez d'un mouvement de détente soudain, vous les secouez un peu et les ramenez à leur point de départ pour effectuer une seconde passe, et continuez ainsi pendant une dizaine de minutes. Cet exercice a pour but de vous donner l'aisance et la sûreté convenables à une réussite le jour où vous aurez un sujet réel en face de vous. Souvenez-vous que l'assurance est la condition *sine qua non* du succès. Tous vos actes et paroles doivent en être imprégnés au maximum. Pour commencer, nous vous conseillerons de tenter vos premiers essais sur un membre de votre famille, soeur, femme, fille, frère, etc.

Cinquième exercice

Comme entraînement préparatoire à l'attraction et aux chutes en avant et en arrière par lesquelles vous devrez déceler la suggestibilité et la sensitivité de vos futurs sujets, voici un exercice devenu classique.

Vous prenez une feuille de papier, vous la pendez par un fil de quarante centimètres au mur, de façon que cette feuille soit un peu, mais à peine plus basse que le niveau de vos épaules.

Vous appuyez vos mains bien à plat sur la feuille et les y laissez trente à quarante secondes et même un peu plus et vous les retirez très lentement en arrière en pensant fortement et en imaginant que la feuille suit vos mains comme si celles-ci étaient un aimant. Ne vous attendez pas à attirer la feuille, mais si cela arrivait, ne vous en effrayez pas, cela prouverait simplement que vous êtes apte à pratiquer l'extériorisation de la motricité, mais cela est fort rare et sans aucun inconvénient.

Ces pratiques développent considérablement la production du fluide magnétique et préparent votre influence sur votre futur sujet.

Sixième exercice

Cet exercice développe intensément l'influx magnétique chez l'opérateur.

Trois fois par jour, placez-vous debout, le dos tourné à la lumière, relaxez tous vos muscles; vous portez lentement en inspirant l'air dans vos poumons, en comptant jusqu'à sept, vos bras en avant et à la hauteur de vos épaules et les tendez sans les crisper. Seuls les muscles des bras se tendent, les mains doivent rester comme mortes, la tension devant s'arrêter au poignet. Restez dans cette position deux ou trois secondes, en retenant le souffle, puis détendez progressivement vos bras en comptant à nouveau jusqu'à sept. Faites trois respirations complètes dans cette position. À la quatrième inspiration, portez les bras de côté, plutôt en arrière. Détendez-les pendant l'inspiration. Respirez encore deux fois, les bras en croix. Puis lorsque vous prenez votre septième inspiration, ramenez les bras tendus en avant de façon que les paumes et la face interne des doigts viennent en regard les unes des autres, mais sans se toucher. Ne pas faire cet exercice plus de trois fois par jour.

Après quelques jours de cet exercice, vous ressentirez en vous une puissance que vous n'aviez pas auparavant.

Cette série de six exercices constitue le meilleur entraînement à la pratique de cet art et développera parfaitement chez vous, avec l'assurance, l'aisance des gestes, la génération et l'accumulation du fluide dans votre organisme, la force de concentration de votre pensée, tous les éléments nécessaires à votre réussite.

Ne cherchez pas à brûler les étapes, la science du magnétisme est accessible à tout le monde, mais il faut, comme en toute chose, subir l'apprentissage sans lequel rien n'est possible.

Aller lentement, c'est réussir à coup sûr. Ne vous hâtez donc pas trop.

Un dernier conseil: surveillez votre mise, la tenue de votre langage, parlez peu mais utilement devant vos sujets ou ceux que vous désirez voir le devenir. Donnez une impression de maîtrise de vous-même aussi totale que possible. Inspirez la confiance, soyez ferme, mais avec douceur et vous serez assuré d'obtenir le résultat souhaité.

JEAN BÉZIAT[1]

1. C'est l'histoire la plus extraordinaire que je connaisse dans la pratique de la radiesthésie et du magnétisme.
Jean BÉZIAT, célèbre pour ses guérisons spectaculaires, était un ami de Jeanne LAVAL, autre grand médium contemporain, à qui nous devons *L'heure des Révélations* (Éd. de Mortagne), livre remarquable où il est question également de la force cosmique et magnétique.
Cette histoire est racontée par Jean BÉZIAT lui même.

Histoire d'une vocation

«De tout temps, dès ma prime jeunesse, puis-je dire, j'ai été passionnément intéressé par les questions d'ordre métapsychique: le merveilleux, l'inconnu m'attiraient. Comme d'autres naissent musiciens ou poètes, je dois être né avec ces dispositions que je retrouve d'ailleurs chez certains membres de ma famille. Avant la guerre, j'ai fait, sur ce sujet, des conférences nombreuses et suivies non seulement dans la région du Nord, ou j'habitais, mais également à Paris, en Belgique, à Genève, à la Haye, etc. Pour soutenir les idées que j'exposais et les défendre, j'avais fondé un petit journal de culture spiritualiste. C'est vous dire combien j'étais déjà disposé à admettre pas mal d'idées nouvelles que des personnes peu averties en ce domaine n'accepteraient pas.

Toutefois, en ce qui concerne la guérison, je vous avouerai que j'étais demeuré assez sceptique. J'ai travaillé longtemps avec un grand guérisseur et pendant qu'il soignait, je faisais les conférences aux malades. Je constatais des guérisons, comme vous pourrez en constater vous-même ici, mais j'en comprenais moins le mécanisme: j'étais porté, comme tant d'autres, à les attribuer à l'auto-suggestion ou à toute autre cause de même nature. Vous ne serez donc pas surpris que je n'en veuille jamais à ceux qui demeurent sceptiques sur les résultats que j'obtiens, puisque moi-même je l'ai longtemps été à l'égard de ceux obtenus par d'autres.

Ancien professeur d'agriculture, botaniste qui avait fait ses preuves, je songeais à m'adonner à la culture. J'achetai la propriété dans laquelle j'ai le plaisir de vous recevoir aujourd'hui et je comptais lui consacrer tout mon temps.

- Ce n'est pas précisément ce qui vous est arrivé!
- Ah non! mais à ce moment je le pensais. Une seule chose me tourmentait. Je ne comprenais pas pourquoi moi qui avais fait courir tant de monde à mes conférences, qui avais été mêlé à un mouvement d'idées très important, je me trouvais là, perdu en pleine campagne, réduit à ce rôle, très beau certes, d'agriculteur, mais que je n'avais jamais envisagé pour moi.

Je n'allais pas tarder à être fixé.

Un jour, je me promenais sur mes terres avec mon père. Nous examinions divers terrains pour des assolements, lorsque nous vîmes s'avancer vers nous un brave homme qui m'aborda:

- Pardon, Monsieur, c'est bien vous le nouveau propriétaire de La Borie?
- Oui, que désirez-vous?
- Eh bien! c'est difficile à dire... voilà... j'ai idée que c'est vous l'homme qui doit guérir ma fille.

Je crus n'avoir pas bien compris et l'homme répéta. Je lui dis alors:

- Mais, mon ami, je ne suis pas médecin, le médecin est à la ville.
- Ah! mais c'est que si vous étiez médecin je ne serais pas venu vous voir... Ma fille est folle!

Je n'en revenais pas et le mystère m'intriguait d'autant plus que je sentais en moi un vague pressentiment, une sorte d'angoisse, que je ne pouvais définir.

- Mais voyons, pourquoi êtes-vous venu me trouver plutôt que d'aller chez le voisin? Ah! je commence à comprendre, vous êtes un ancien lecteur de mon journal.

L'homme me regarda aussi étonné que je l'étais moi-même.

- Non, Monsieur Béziat, je ne vous connais pas, je ne connais pas davantage le journal dont vous parlez, je ne sais qu'une chose, c'est que vous pouvez guérir ma fille!

Vous comprenez que j'étais excédé par cet entêtement paysan à me répéter cette phrase qui avait pour moi quelque chose de lancinant. Mon père, à mon côté, était très ému et ne parlait pas. Je dis alors à mon bonhomme:

- Mais, enfin, qui vous l'a dit que je devais guérir votre fille, d'où me connaissez-vous?
- Eh bien! voilà: il y a un mois j'étais allé porter du fourrage à la gare d'Avignonet, lorsque vous êtes passé à bicyclette; comme vous étiez nouveau dans le pays, par curiosité, j'ai demandé qui vous étiez et l'on m'a répondu: «c'est le nouveau propriétaire de La Borie». J'ai poursuivi mon chemin, mais à peine avais-je fait quelques pas que l'idée suivante m'est venue: «c'est l'homme qui guérira ta fille.» J'en ai souri d'abord, mais cette pensée a persisté, puis, après quelques jours, elle a disparu de mon cerveau.

  Je ne songeais plus à cette rencontre lorsque, soudain, il y a quinze jours, à nouveau j'ai été repris par cette idée et maintenant, c'est fini, nuit et jour je ne peux m'en défaire, constamment une voix intérieure semble me dire: «Mais mène donc ta fille à cet homme, je te dis qu'il guérira ta fille!» Alors, vous comprenez, j'en ai assez et pour me défaire de cette obsession je vous amène ma fille. Elle est là, devant votre porte.

J'étais profondément bouleversé. Je ne savais que faire ni que penser. Tout en marchant nous étions arrivés devant la maison; ma femme était sur le pas de la porte et dès qu'elle me vit, cria:

- Jean, je te défends de t'occuper de ça! Je t'en supplie!

Ma femme prévoyait déjà tous les ennuis que nous devions avoir, les poursuites que me vaudrait *cet exercice illégal* qui consiste à rendre la santé à des malheureux qui souffrent et pour qui la science ne peut plus rien.

Par contre, mon père me poussait vers la mission qui paraissait ainsi s'imposer à moi:

- Jean, c'est le doigt de Dieu; tu te demandais ce que tu venais faire ici, voilà la réponse.

Ne sachant pas très bien ce que je faisais, je montai sur la charrette. La pauvre fille était horrible à voir et la position dans laquelle elle m'apparaissait me la rendait plus pitoyable encore. Le visage était convulsé, elle bavait et ses jambes et ses bras étaient fixés par des courroies. Il ne fallait pas être très tendre pour la plaindre.

Sans me rendre bien compte de ce que je devais faire, je lui mis les mains sur la tête, et je priai , je priai le ciel, la grande nature de lui rendre sa raison. Soudain la malade poussa des cris terribles, se débattit dans ses liens et retomba inerte en bavant une écume teintée de sang. Je la crus morte.

Avec des serviettes trempées d'eau fraîche, on la fit peu à peu revenir à elle. Certes, elle n'avait pas l'aspect d'une personne normale, mais elle paraissait moins agitée. Son père me remerciait avec effusion.

- Ah! merci, Monsieur Béziat; merci! vous me l'avez guérie.

Je n'en croyais rien et sans le dissuader, je lui dis:

- La meilleure façon de me remercier est de n'en rien dire à personne; je vous en supplie, pas un mot!

Il promit et je n'en eus plus de nouvelles de quelques jours. Évidemment, cette histoire m'intriguait beaucoup et j'étais anxieux d'en connaître la suite. Je savais que mon visiteur s'appelait Faure. N'y tenant plus, je me dirigeai vers sa ferme. En y arrivant je fus accueilli par Faure et sa femme qui se précipitèrent au-devant de moi, pleins de gratitude:

- Ah! Monsieur Béziat, vous nous l'avez sauvée, vous avez rendu la joie et le bonheur à toute une famille.

Je fus invité à entrer et, comme cela se pratique chez nous, je dus m'asseoir à leur table, manger du saucisson et boire un coup de vin.

La jeune fille était très belle, parlant avec facilité, tenant les propos les plus raisonnables comme les plus suivis; j'avais de la peine à la reconnaître tellement était grande la transformation.

En ce qui me concerne, j'étais particulièrement heureux, car je ne vous cacherai pas que, pendant quelques jours, j'avais craint que quelqu'un au courant de mes idées et qui aurait pu les trouver absurdes ne se soit payé ma tête avec cette fantastique histoire de folle guérie de façon aussi extraordinaire.

Lorsque plus tard, au cours de l'instruction, je racontai ceci à M. Gouttes, le juge chargé de mon affaire, il se récria vivement:

- Béziat, ce que vous dites là est grave; nous avons eu jusqu'à maintenant les meilleurs rapports; mais cette fois vous vous payez ma tête et cela pourrait vous coûter cher. Il ne faudrait cependant pas me prendre pour une bonne femme à qui l'on fait avaler des sornettes.

J'admettais très bien l'incrédulité du juge et me contentais de lui répondre:

- Monsieur le Juge, vous avez le droit, mieux le devoir, de vérifier tout ce que je vous dis. Je vais demeurer dans le Palais de justice à votre disposition, et pendant ce temps vous ferez appeler Faure et vous l'interrogerez. Si cet homme ne confirme pas ce que je viens de vous dire, j'accepte d'avance toutes les décisions que vous prendrez contre moi.

Ce qui fut fait. M. Gouttes envoya chercher Faure par deux gendarmes et sa déposition fut, en tout point , semblable à la mienne; de telle sorte que la façon dont j'ai obtenu ce qu'on appelle mon premier miracle figure dans le dossier de ma première affaire.

Et voilà comment se firent mes débuts!

Faure n'avait certainement rien dit, mais il était difficile aux voisins de ne pas constater que cette jeune fille qui avait été folle durant de longues années ne l'était plus; on fit un rapprochement avec la visite faite chez moi par le père, ainsi que celle que je leur rendis quelques jours plus tard. Aussi, est-ce sans grand étonnement que je vis, un matin, arriver chez moi une autre de mes voisines, Mme Lion, qui me tint ce langage:

- Monsieur Béziat, je sais bien que vous ne voulez pas qu'on parle de ce que vous avez fait, mais ayez pitié de moi. Mon mari a eu une attaque, le médecin sort de chez nous et me dit que ce n'est plus qu'une affaire de quelques jours. Si vous vouliez venir, vous le guéririez!

J'étais très ennuyé, car je me sentais peu à peu glisser sur un terrain où je ne voulais pas m'engager. Mais comment résister à une pauvre femme en larmes dont le mari est mourant et qui vous supplie de venir parce que vous pouvez le guérir? Si ceux qui me poursuivent me disent sincèrement ce qu'ils auraient fait à ma place, je crois qu'ils répondront qu'ils n'auraient pas agi autrement que je l'ai fait moi-même, à moins d'être dépourvu de toute humanité.

Donc, je me rendis chez Lion. Le pauvre homme était bien bas! Cette fois j'opérai avec plus de précision. Je mis mes mains sur la tête du malade, puis je les lui imposai sur diverses parties du corps en faisant mon invocation au Foyer Universel de vie.

Dans l'après-midi, vers quatre heures, je vis revenir chez moi Mme Lion, souriante, qui me cria dès qu'elle me vit:

- Monsieur Béziat, mon mari est guéri. Il va tout à fait bien; à midi il a mangé comme d'habitude...
- C'est aller un peu vite, Madame.
- Oh! mais il va si bien qu'il parle de se lever demain pour labourer.

Je ne pus m'empêcher de rire et je dis à ma voisine:

- Non, non, n'exagérez pas; qu'il se repose encore quelques jours pour que la guérison se confirme.

C'est vraiment trop tôt pour travailler.

Pourtant, trois jours après, Lion labourait ses champs.

C'est cette guérison qui devait me faire connaître. J'avais demandé le secret, on me le promit, mais cette famille était la plus apparentée de la région. La semaine suivante je recevais la visite d'une dizaine de personnes qui se réclamaient toutes de la famille Lion, les uns étaient des neveux ou des nièces, les autres des cousins, etc. Il fallut les soigner tous, quelques-uns guérirent... et ce fut fini, le guérisseur de La Borie ou plutôt d'Avignonet, comme on devait me baptiser, était connu et il ne devait plus désormais goûter ni calme ni repos, et si les guérisons se sont multipliées, le nombre des visiteurs a augmenté sans cesse.

Jean Béziat s'était levé. Nous sortîmes sur le terre-plein qui domine les côteaux gras et verdoyants du Lauragais. Une paix et un calme infini se dégageaient de cette nature splendide, et c'est sur un ton grave que Jean Béziat conclut cet entretien:

- Comment voulez-vous, me dit-il, que lorsqu'une mission s'impose à vous avec une telle force, on puisse s'y dérober? Je n'ai absolument rien fait pour la rechercher, je ne ferai rien pour la fuir, y aurait-il la prison au bout.»

Comment je guéris[1]

L'être humain, plongé dans l'océan de vie comme une parcelle vivante dont la mort ne détruit que le corps, fait partie intégrante du Grand Univers comme chaque pierre d'un édifice appartient à la construction et en forme un élément constituant.

---

1. Ce chapitre intéressera ceux qui, au-delà de la pratique de la radiesthésie et du magnétisme, accèdent déjà à une vision cosmique et spirituelle de la vie.
Les quelques éléments du travail de Jean BÉZIAT donnés dans ce livre pourront aider certains praticiens qui voudront aller plus loin dans leurs recherches.

La cause de tout ce qui est dans notre existence émane donc de la grande Force Universelle, et notre vie est un rayon du grand foyer de vie.

Pour mieux comprendre les manifestations de la vie, comparons l'être humain à une ampoule électrique.

Cette ampoule est composée d'un corps en verre et en métal à l'intérieur duquel se trouve un filament métallique, mais, par elle-même, elle n'a aucune valeur; elle doit, pour remplir son rôle, c'est-à-dire pour éclairer, recevoir ce courant mystérieux; ce fluide impalpable: l'électricité, qui se transformera en lumière à son contact. Cette ampoule est donc ainsi animée par une force extérieure à elle-même, par une source lointaine qui lui donne la vie, et dont elle demeure dépendante.

L'être humain n'est-il pas en tout point comparable à cette ampoule? Notre corps, c'est l'enveloppe de verre; notre esprit, c'est le filament qui reçoit la lumière, et la lumière, c'est le courant qui nous vient du grand foyer de vie dont notre âme n'est qu'une étincelle.

Nous pouvons donc considérer que tout être est formé de trois éléments constitutifs:

- le physique ou matériel;
- le mental ou intellectuel;
- le moral ou spirituel.

Ce dernier étant l'animateur des deux autres.

Aussi comprendrons-nous facilement maintenant pourquoi la maladie, qui est une rupture d'équilibre entre ces trois éléments, et une disharmonie entre les parties constitutives de notre être, n'est pas simplement due à une perturbation physique, mais aussi à une perturbation mentale ou spirituelle.

Les causes physiques visibles et sensibles de la maladie ne sont que les effets manifestés de causes profondes et impondérables, c'est-à-dire des courants spirituels de l'espace.

Or, ces effets ne sont pas incohérents, dus à la rencontre fortuite d'éléments aveugles du mécanisme biologique; ils émanent d'une source d'Intelligence Suprême.

Les maladies dont la cause profonde réside dans ce domaine supraphysique transcendant ne peuvent donc pas être réduites par des actions purement physiques. C'est pourquoi à la base de ma méthode se trouve, préalablement à toute chose, un appel à ces forces spirituelles.

J'ai pensé que le petit effet que nous étions devait être aimé de la grande cause éternelle qui nous a créés. Ma technique consiste à élever ma pensée vers le foyer universel de vie et à lui demander de donner aux malades plus d'énergie pour guérir leurs souffrances.

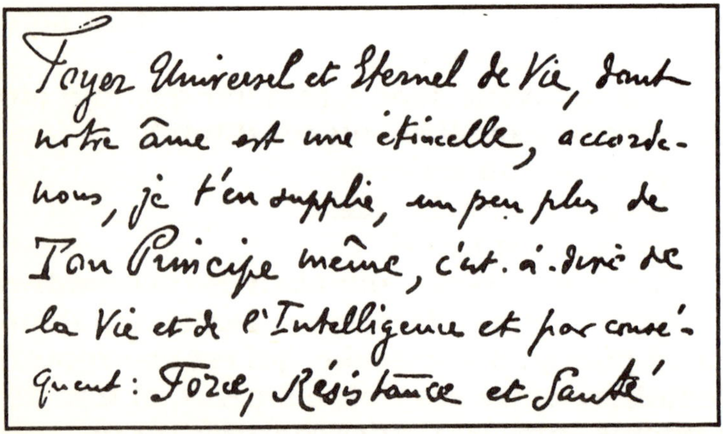
Foyer Universel et Eternel de Vie, dont
notre âme est une étincelle, accorde-
nous, je t'en supplie, un peu plus de
Ton Principe même, c'est-à-dire de
la Vie et de l'Intelligence et par consé-
quent: Force, Résistance et Santé

«Foyer Universel et Eternel de Vie dont notre âme est une étincelle, accorde-nous, je t'en supplie, un peu plus de Ton Principe même, c'est-à-dire de la vie et de l'intelligence et par conséquent: Force, Résistance et Santé.»

Tel est l'appel par lequel doit commencer tout acte de guérison que je conseille au malade d'adresser chaque jour, comme je le fais moi-même, à la grande force de vie et d'intelligence de la Nature.

Mais entre ces forces spirituelles indépendantes, extérieures à l'être humain, et le corps physique, il existe le monde de la pensée, encore bien inexploré. Trop longtemps le médecin ne s'est intéressé qu'aux réactions physiques et a négligé l'âme de son malade, et c'est peut-être la source de beaucoup d'échecs médicaux, là où les moyens spirituels ont réussi (d'où le succès de beaucoup de guérisseurs). Cependant, les pensées ne sont pas simplement des représentations mentales, et comme l'a montré un des maîtres de la psychothérapie moderne, le docteur Pierre VACHET, professeur à l'École des Hautes Études sociales, dans son livre sur les «guérisons miraculeuses»: les pensées peuvent se résoudre en des forces qui sont de véritables leviers aidant à la guérison.

Ces «pensées-forces» font d'ailleurs partie intégrante de la grande loi universelle d'attraction: elles peuvent, en effet, s'extérioriser et être attirées par d'autres; elles deviennent alors de véritables courants qui sont les conducteurs et les supports des forces spirituelles qui peuvent agir à de très grandes distances, et c'est ainsi que peuvent s'expliquer les guérisons à distance.

Nous vivons plongés dans un vaste océan de pensée; l'atmosphère, autour de nous, en est imprégnée et nous sommes tous plus ou moins affectés par ces ondes invisibles. Suivant notre sensibilité, nous sommes soumis à des degrés divers aux influences mentales qui agissent sur notre vie et qui ont une répercussion sur notre corps.

C'est pourquoi l'idée de guérison s'extériorise sous forme de suggestion qui agit sur les cerveaux et sur les corps. Lorsque je provoque ma guérison, je tends ma volonté avec une force considérable et je sens aussitôt un courant qui s'établit entre le malade et moi. Les pensées qui m'animent en ce moment sont à la fois l'idée de soulagement, le désir de guérir et un immense amour qui émane de tout mon être: car celui qui souffre me paraît être un frère en qui je me confonds et à qui je donne un peu de moi-même.

Le Docteur BARADUC avait bien raison lorsqu'il disait: «la mère sera toujours un prodigieux guérisseur pour son enfant», car la pensée d'amour est une force qui agit puissamment.

La parole, qui est l'expression de la pensée, est un moyen par lequel les forces sont concentrées et dirigées suivant une ligne et une direction particulière, et cette orientation est utile pour faire agir l'idée plus profondément dans le monde physique.

C'est pourquoi à la prière, j'ajoute la concentration de pensée et souvent la parole pour guider.

Dans la lutte contre la maladie, le moral joue donc un rôle considérable, aussi faut-il savoir entretenir en soi les bonnes pensées qui, en amenant la confiance, accroissent la résistance et déclenchent la guérison.

La culture et l'éducation de la pensée sont à la base du bonheur et de la santé, mais il faut agir méthodiquement et apprendre à faire une véritable gymnastique mentale comparable à la gymnastique du corps.

Que ceux qui ressentent en eux-mêmes le désir d'apprendre la radiesthésie ou le magnétisme n'hésitent pas à s'engager dans cette voie.

«Ces deux sciences conjecturales complémentaires montrent que la nature, tout en gardant ses secrets, amène à la connaissance véritable ceux qui lui font confiance...».

«Seul l'effort sur soi-même
apprend à vaincre et à conquérir.»

Jeanne LAVAL

Achevé d'imprimer en octobre 1993
sur presse CAMERON
dans les ateliers de la S.E.P.C.
à Saint-Amand-Montrond (Cher)

— N° d'édit. : 433. — N° d'imp. : 2726. —
Dépôt légal : novembre 1993.

Imprimé en France